Für

Von

Mit Illustrationen von

Marjolein Bastin

Zauberhafte Weihnachtsküche

Das große Koch- und Backbuch für die schönste Zeit

Fotografie: Melina Kutelas
Foodstyling: Alexander Höss-Knakal

Hölker Verlag

Inhaltsverzeichnis

Himmlische Vorspeisen und Kleinigkeiten

Zauberhafte Hauptgerichte

Alle Rezepte sind, wenn nicht anders ausgewiesen, für 4 Personen ausgelegt.

Charles Dickens

Frohe Weihnachten und ein glückliches neues Jahr!

Es gibt Leute, die dir sagen werden, dass Weihnachten auch nicht mehr das ist, was es einmal war. Höre nicht auf sie. Es gibt wenige, die alt geworden sind auf dieser Erde, die nicht an jedem beliebigen Tag im Jahr solche Gedanken wachrufen können. Aber suche dir doch für deine trostlosen Erinnerungen nicht eben den fröhlichsten unserer 365 Tage aus. Denke nach über den Segen, der dir reichlich zuteilwurde – und er ist bei keinem gering – und nicht über vergangenes Missgeschick, das jedem widerfährt. Fülle dein Glas abermals, mit fröhlichem Gesicht und zufriedenem Herzen. Dein Weihnachten soll ein fröhliches und dein neues Jahr ein glückliches sein!

MB

MB

Himmlische
Vorspeisen und Kleinigkeiten

Pastinakencremesuppe

mit Thymiancroûtons

1 große Schalotte
500 g Pastinaken
1 EL Olivenöl
1 l Gemüsebrühe
100 ml Sahne
3 TL Meerrettich (Glas)
Salz
frisch gemahlener schwarzer Pfeffer
1 Prise Cayennepfeffer
200 g Brioche
4 Stängel Thymian
2 EL geklärte Butter
Gartenkresse zum Garnieren

Die Schalotte schälen und würfeln. Die Pastinaken ebenfalls schälen und in Scheiben schneiden.

In einem Topf das Olivenöl erhitzen, die Schalotte und die Pastinaken darin anschwitzen. Die Brühe zugießen und mit aufgelegtem Deckel 20 Min. köcheln.

Die Suppe fein pürieren, dann die Sahne und den Meerrettich einrühren. Mit Salz, Pfeffer und Cayennepfeffer würzen.

Die Brioche würfeln oder mit weihnachtlichen Ausstechern ausstechen. Den Thymian abbrausen, trocken tupfen und die Blättchen abstreifen.

In einer Pfanne die Butter erhitzen, die Brotwürfel zugeben und kurz rösten. Dann den Thymian untermischen und alles bei stetigem Wenden so lange rösten, bis die Croûtons schön knusprig sind. Mit Salz und Pfeffer würzen.

Die Suppe auf Tellern anrichten und mit den Croûtons bestreuen. Mit Kresse und Pfeffer garnieren.

Champignoncremesuppe

Die Zwiebel schälen und in Würfel schneiden. Die Champignons putzen und mit einem Geschirrtuch abreiben, falls erforderlich. Einige Pilze in feine Scheiben schneiden und beiseitelegen, den Rest vierteln.

In einem Topf die Butter zerlassen und die Zwiebelwürfel darin glasig anschwitzen. Die Champignonviertel zugeben und 2 Min. braten. Brühe, Weißwein und Sahne angießen und die Suppe bei geringer Hitze 10 Min. köcheln lassen.

Die Suppe mit Salz, Pfeffer und Zitronensaft würzen und pürieren. Auf vorgewärmte Teller verteilen und mit Champignonscheiben, Wildkräutern, je einem Esslöffel Olivenöl und Pfeffer garniert servieren.

1 kleine Zwiebel
400 g weiße Champignons
2 EL Butter
1 l Gemüsebrühe
100 ml trockener Weißwein
200 ml Sahne
Salz
frisch gemahlener weißer Pfeffer
Saft von ½ Zitrone

Außerdem

1 Handvoll Wildkräuter
Olivenöl

Tipp: Beim Kauf der Champignons sollte darauf geachtet werden, dass die Köpfe weiß, fest und vollständig geschlossen sind.

Radicchio-Rucola-Salat

mit Cranberrys und Walnüssen

Für den Salat

50 g Walnusskerne
200 g Rucola
500 g Radicchio
150 g getrocknete Cranberrys
30 g Ziegenfrischkäse
50 g Blaubeeren

Für das Dressing

5 EL Apfelessig
4 EL Olivenöl
1 EL Ahornsirup
Salz
frisch gemahlener schwarzer Pfeffer

In einer Pfanne ohne Fett die Walnüsse rösten, bis sie duften. Beiseitestellen.

Den Rucola waschen und trocken schleudern. Den Radicchio putzen, vierteln, vom Strunk befreien und in Streifen schneiden.

Für das Dressing alle Zutaten gut miteinander mischen, mit Salz und Pfeffer würzen.

Den Salat mit den Nüssen und den Cranberrys anrichten. Mit dem Dressing beträufeln. Den Ziegenkäse mit den Händen zerbröseln und zusammen mit den Blaubeeren darüberstreuen.

Tipp: Wer mag, fügt noch getoastetes Baguette hinzu.

Wintersalat

mit Speckpflaumen

Den Feldsalat waschen, trocken schleudern und verlesen. Den Chicorée und den Radicchio putzen und in feine Streifen schneiden.

Den Granatapfel öffnen (Krone abschneiden, Schale ringsum fünfmal einschneiden und die Frucht vorsichtig auseinanderbrechen) und die Kerne auslesen. Die Orange schälen und filetieren.

Für das Dressing Honig, Senf, Granatapfelsaft, Limettensaft, Olivenöl, Zimt, Chilipulver, Salz und Pfeffer sehr gründlich mischen oder mit dem Pürierstab mixen.

Alle Salatzutaten auf einer Platte anrichten und mit dem Dressing beträufeln.

Die Pflaumen mit je 2 Scheiben Speck umwickeln, in einer Pfanne 5 Min. rundherum braten und zum Salat servieren.

Für den Salat

150 g Feldsalat
1 Chicorée
1 kleiner Radicchio
1 Granatapfel
1 Orange

Für das Dressing

4 EL Honig
2 EL Senf
2 EL Granatapfelsaft
Saft von ½ Limette
8 EL Olivenöl
gemahlener Zimt
Chilipulver
Salz
frisch gemahlener schwarzer Pfeffer

Außerdem

8 getrocknete Pflaumen
16 Scheiben Speck

Morgen, Kinder, wird's was geben!

Morgen, Kinder, wird's was geben,
morgen werden wir uns freu'n!
Welch ein Jubel, welch ein Leben
wird in unser'm Hause sein!
Einmal werden wir noch wach,
heißa, dann ist Weihnachtstag!

Wie wird dann die Stube glänzen
von der großen Lichterzahl?
Schöner als bei frohen Tänzen
ein geputzter Kronensaal.
Wisst ihr noch vom vor'gen Jahr,
wie's am Weihnachtsabend war?

Welch ein schöner Tag ist morgen,
viele Freuden hoffen wir!
Uns're lieben Eltern sorgen
lange, lange schon dafür.
O gewiss, wer sie nicht ehrt,
ist der ganzen Lust nicht wert!

Fröhliche Weihnacht überall

„Fröhliche Weihnacht überall!"
tönet durch die Lüfte froher Schall.
Weihnachtston, Weihnachtsbaum,
Weihnachtsduft in jedem Raum!
„Fröhliche Weihnacht überall!"
tönet durch die Lüfte froher Schall.

Darum alle
stimmet in den Jubelton,
denn es kommt das Licht der Welt
von des Vaters Thron.

„Fröhliche Weihnacht überall!" …

Licht auf dunklem Wege,
unser Licht bist du;
denn du führst, die dir vertraun,
ein zu sel'ger Ruh'.

„Fröhliche Weihnacht überall!" …

Was wir andern taten,
sei getan für dich,
dass bekennen jeder muss,
Christkind kam für mich.

„Fröhliche Weihnacht überall!"

Ziegenkäse

mit Orangenhonig und geschmorten Tomaten

2 Zweige Thymian
50 g Honig
¼ l Orangensaft
200 g gemischte Kirschtomaten
2 El Olivenöl
Salz
frisch gemahlener schwarzer Pfeffer
1 El Weißweinessig
4 kleine Ziegenfrischkäsetaler
Orangenzesten nach Belieben
Zitronenpfeffer

Den Backofen auf 170 °C vorheizen. Den Thymian abbrausen und trocken tupfen, die Blättchen abzupfen. In einem kleinen Topf den Honig und den Orangensaft mit dem Thymian erhitzen und in ca. 12 Min. zu einem Sirup einkochen.

Die Tomaten waschen, trocken tupfen und mit dem Olivenöl, Salz und Pfeffer auf einem Backblech verteilen.
Im Backofen ca. 10 Minuten backen. Herausnehmen, auskühlen lassen und mit Weißweinessig vermengen.

Die Ziegenkäsetaler auf 4 kleine Teller verteilen, den Sirup darübergießen. Nach Belieben mit Orangenzesten garnieren und mit frisch gemahlenem Zitronenpfeffer bestreuen.

Mit den Kirschtomaten und geröstetem Weißbrot servieren.

Rote-Bete-Carpaccio

500 g vorgegarte Rote Bete
2 Frühlingszwiebeln
4 EL Rotweinessig
4 EL Olivenöl
1 TL Senf
Salz
frisch gemahlener schwarzer Pfeffer
50 g Feldsalat
40 g Pinienkerne

Die Rote Bete in sehr dünne Scheiben schneiden und auf einem großen Teller anrichten. Die Frühlingszwiebeln putzen, in feine Ringe schneiden und auf der Roten Bete verteilen.

Für die Marinade Rotweinessig, Öl und Senf vermengen, mit Salz und Pfeffer würzen. Die Marinade über die Rote-Bete-Scheiben geben und diese zugedeckt über Nacht durchziehen lassen.

Vor dem Servieren den Feldsalat verlesen, waschen und trocken schleudern. In einer kleinen Pfanne die Pinienkerne ohne Fett rösten. Den Feldsalat auf das Carpaccio geben und mit den Pinienkernen garnieren.

Fredrik Vahle

Das Gewicht der Schneeflocke

„Es schneit", sagte der Wolf.
„Was du nicht sagst, Gevatter", brummte der Bär.
„Mehr als tausend Schneeflocken", sagte der Fuchs, „aber auf meinem Pelz spüre ich sie überhaupt nicht!"
„Sie schmelzen auf meiner Hasennase", sagte der Hase, und dann fügte er noch nachdenklich hinzu: „Man spürt sie nicht. Doch haben sie ein Gewicht!"
„Eine Schneeflocke wiegt weniger als nichts", knurrte der Wolf.
„Und sie hat keine Kraft", brummte der Bär.
„Aber sie wiegt doch etwas, und sie hat auch Kraft", sagte der Hase.
Die Tiere gerieten in Streit, ob eine Schneeflocke etwas wiegt oder nicht.
„Wir wollen die Schneeflocken zählen, die da auf den alten dicken Ast fallen", sagte der Hase. „Da wird man ja sehen, ob eine Schneeflocke Gewicht hat."
Der Bär und der Wolf lachten so laut, dass es durch den ganzen Wald schallte. Aber weil sie gerade nichts Besseres zu tun hatten, zählten sie mit. Eins ... zwei ... drei ... vier ... fünf ... sechs ... sieben ... Als sie bei zweitausendachthundertsiebenundsechzig angekommen waren, sagte es plötzlich „Krach", und der dicke, mächtige Ast brach ab.
„Der Hase hat recht", knurrte der Wolf, und sogar der Bär wunderte sich über die Kraft der Schneeflocken.

Schneeflöckchen, Weißröckchen

Schneeflöckchen, Weißröckchen,
wann kommst du geschneit?
Du wohnst in den Wolken,
dein Weg ist so weit.
Komm setz dich ans Fenster,
du lieblicher Stern,
malst Blumen und Blätter,
wir haben dich gern.
Schneeflöckchen, du deckst uns
die Blümelein zu,
dann schlafen sie sicher
in himmlischer Ruh'.
Schneeflöckchen, Weißröckchen,
komm zu uns ins Tal.
Dann bau'n wir den Schneemann
und werfen den Ball.

Honig-Balsamico-Möhren

mit Haselnüssen und Joghurt

1,5 kg bunte Möhren
4 EL Olivenöl plus etwas für den Joghurt
2 EL Honig
1 EL dickflüssiger Balsamicoessig
Meersalz
½ Bund glatte Petersilie
100 g blanchierte Haselnüsse
300 g Joghurt
Saft von ½ Zitrone

Den Backofen auf 200 °C vorheizen. Die Möhren putzen und der Länge nach halbieren. In einer kleinen Schüssel 3 EL Olivenöl, Honig und Balsamico mit einem Schneebesen verrühren.

Die Möhren auf einem Backblech verteilen, mit der Marinade übergießen und gut vermischen. Mit Meersalz würzen und 40-50 Min. im Ofen rösten, bis die Möhren knusprig und golden sind.

Die Petersilie abbrausen, trocken tupfen, die Blättchen abzupfen und grob hacken. Die Haselnüsse grob hacken und in einer Pfanne bei mittlerer Hitze mit 1 EL Olivenöl rösten, bis sie leicht gebräunt sind. Den Joghurt mit etwas Öl, dem Zitronensaft und 1 Prise Salz verrühren.

Die Möhren mit der Petersilie und den Haselnüssen vermischen und mit dem Joghurt servieren.

Ofenkürbis

mit Rucola und Feta

800 g Hokkaido-Kürbis
4 EL Olivenöl
Salz
frisch gemahlener schwarzer Pfeffer
1 Knoblauchzehe
1 EL Balsamicoessig
1 TL Honig
150 g Rucola
1 Handvoll Walnusskerne
100 g Feta
Gartenkresse zum Garnieren

Den Backofen auf 200 °C vorheizen. Den Kürbis putzen, von den Samen befreien und in dünne Spalten schneiden. Auf ein Backblech legen und mit 1 EL Olivenöl beträufeln. Mit Salz und Pfeffer würzen und 40 Min. im Ofen rösten.

Den Knoblauch schälen und sehr fein hacken. In einer großen Schüssel Balsamico, Honig, Knoblauch und das restliche Olivenöl mit dem Schneebesen verrühren. Den Rucola verlesen, waschen und trocken schleudern. In die Schüssel geben und alles gut vermengen. Den Rucola auf Teller verteilen und die gerösteten Kürbisspalten darauf anrichten.

Die Walnüsse grob hacken, den Feta zerkrümeln. Den Salat mit beidem bestreuen und mit Gartenkresse garniert servieren.

Münsterländer Pillekauken

750 g Kartoffeln (festkochend)
2 Zwiebeln
1 Bund Schnittlauch
400 g Champignons
3 Eier
250 ml Milch
100 g Weizenmehl
1 TL Salz
1 Prise frisch gemahlener schwarzer Pfeffer
1 TL frisch geriebene Muskatnuss
4 EL Butter
2 EL Öl

Die Kartoffeln schälen und grob reiben. Die Zwiebeln schälen und würfeln. Den Schnittlauch abbrausen, trocken tupfen und in feine Röllchen schneiden. Die Champignons putzen und in Scheiben schneiden.

In einer Schüssel Eier, Milch und Mehl verquirlen. Den Schnittlauch zugeben und verrühren. Mit Salz, Pfeffer und Muskatnuss würzen.

In einer Pfanne 1 EL Butter erhitzen. ¼ der geriebenen Kartoffeln und ¼ der Zwiebelwürfel darin anschwitzen. Nach 5 Min. ¼ der Eimischung in die Pfanne geben und bei niedriger Hitze stocken lassen. Den Pillekauken aus der Pfanne nehmen und warm halten.

Für die weiteren 3 Portionen ebenso verfahren. Anschließend Öl in einer Pfanne erhitzen und die Champignons darin braten. Mit Salz und Pfeffer würzen. Pillekauken und Champignons auf 4 Teller verteilen und servieren.

Die Legende vom Heiligen Nikolaus

Vor sehr langer Zeit, um das Jahr 270, wurde in Kleinasien, in der Stadt Patara, ein Kind mit dem Namen Nikolaus geboren.

Der Junge wuchs in einer sehr reichen, liebevollen Familie auf, und als seine Eltern an einer Krankheit starben, hinterließen sie ihm ein großes Vermögen: Gold, Silber, Edelsteine, Ländereien, Paläste und Pferde. Vor lauter Trauer wusste Nikolaus jedoch nichts mit seinem Reichtum anzufangen. Und daher begann er, sein Hab und Gut mit den Armen der Stadt zu teilen. So hörte er einmal von einem armen Mann und seinen drei Töchtern, die überhaupt kein Geld besaßen. Aus Liebe zu ihren Schwestern bot das älteste Mädchen an, das Haus zu verlassen und als Dienstmagd zu arbeiten, damit wenigstens ihre beiden Schwestern genug Geld zum Überleben hätten. Nikolaus erfuhr von diesem selbstlosen Angebot und schlich sich nachts zu dem Haus der Familie. Dort angekommen, warf er ein Säckchen voll Gold durch ein offenes Fenster. Als der Vater das Geschenk am nächsten Morgen auf dem Boden liegen sah, strahlte er vor Freude - denn nun konnte die Familie zusammenbleiben!

Diese gute Tat ist der Grund dafür, dass viele Menschen bis heute in der Nacht zum Nikolaustag Socken an den Kamin hängen oder Schuhe vor die Tür stellen - und am frühen Morgen darin zwar kein Gold, dafür aber Nüsse, Mandarinen und andere Kleinigkeiten finden.

Der Heilige Nikolaus ist der Schutzpatron der Kinder, aber auch der Kaufleute und Seefahrer. Als während einer großen Hungersnot die Nachricht verbreitet wurde, es lägen drei mit Weizen beladene Schiffe des Kaisers im Hafen der Stadt Myra vor Anker, bat Nikolaus die Seeleute, einen Teil des Getreides abzuladen und den Hungernden zu schenken. Die aber weigerten sich, denn sie hatten Angst, dass der Kaiser es bemerken würde - schließlich war das Getreide genau abgewogen. Doch Nikolaus sagte ihnen: „Alles wird gut! Tut, was ich euch sage, und vertraut auf Gott!" Und tatsächlich gaben die Matrosen ihm das gewünschte Getreide. Nikolaus verteilte es in der Stadt und auf dem Land an die Hungernden. In der Zwischenzeit setzten die drei Schiffe ihre Reise fort und wunderten sich, dass ihre Ladung nicht an Gewicht verloren hatte. Und tatsächlich fehlte beim Abwiegen kein einziges Körnchen. Die Nachricht von dem Ereignis verbreitete sich schnell in ganz Kleinasien und über seine Grenzen hinaus.

Bis heute kann man deswegen in zahlreichen Kirchen - vor allem in Hafenstädten - Bilder von diesem Wunder bestaunen.

Anna Ritter

Vom Christkind

Denkt euch, ich habe das Christkind gesehn!
Es kam aus dem Wald, das Mützchen voll Schnee,
mit rot gefrorenem Näschen.

Denn es trug einen Sack,
der war gar schwer,
schleppte und polterte hinter ihm her.

Was drin war, möchtet ihr wissen?
Ihr Naseweise, ihr Schelmenpack,
meint ihr, er wäre offen, der Sack?

Zugebunden bis oben hin!
Doch war gewiss etwas Schönes drin,
es roch so nach Äpfeln und Nüssen!

Spinat-Lachs-Quiche

½ Bund Petersilie
3 Eier
250 g Mehl
1 Prise Salz
100 g zimmerwarme Butter
500 g Spinat
300 g Sahnequark
125 ml Milch
100 ml Gemüsebrühe
100 g Schmand
1 Knoblauchzehe
½ Bund Dill
Salz
frisch gemahlener schwarzer Pfeffer
200 g Räucherlachs

Außerdem

Quicheform

Die Petersilie abbrausen, trocken tupfen, die Blättchen abzupfen und hacken. 1 Ei trennen, das Eiweiß beiseitestellen. In einer Schüssel das Eigelb mit Mehl, Salz, Butter, 6 EL Wasser und Petersilie zu einem Teig verkneten. Den Teig in Frischhaltefolie wickeln und 30 Min. kalt stellen.

Den Backofen auf 200 °C vorheizen.

Den Spinat waschen. In einem großen Topf Salzwasser zum Kochen bringen, den Spinat 2 Min. darin blanchieren, abschrecken, abtropfen lassen und grob hacken.

In einer Schüssel den Quark mit Milch, Gemüsebrühe, Schmand, dem Eiweiß und 2 Eiern verquirlen. Den Knoblauch schälen und fein hacken, den Dill abbrausen, trocken tupfen und hacken. Beides unterrühren. Mit Salz und Pfeffer würzen.

Eine Quicheform mit Backpapier auslegen. Den Teig ausrollen und in die Form legen, den Rand hochdrücken. Den Spinat und den Lachs gleichmäßig auf dem Teigboden verteilen, die Quarkmischung darübergeben. Im Ofen ca. 50 Min. backen.

Möhren-Hummus

mit Kreuzkümmel

Die Möhren schälen, grob in Stücke schneiden und in einen Topf geben. So viel Wasser zugeben, dass die Möhren gerade bedeckt sind, zum Kochen bringen und 8–10 Min. garen. Das Wasser abgießen, die Möhren mit Salz und Pfeffer würzen.

Den Knoblauch schälen und grob hacken. Die Kichererbsen in ein Sieb geben, abspülen und abtropfen lassen. Mit einem Stabmixer oder in der Küchenmaschine Möhren, Knoblauch, Kichererbsen, Öl, Tahini, Zitronensaft und Kreuzkümmel fein pürieren.

Mit Koriander und Zitronenspalten garnieren.

3 große Möhren
Salz
frisch gemahlener schwarzer Pfeffer
1 Knoblauchzehe
400 g Kichererbsen (Dose)
3 EL Olivenöl
2 EL Tahini (Glas)
Saft von ½ Zitrone
1 TL gemahlener Kreuzkümmel
Etwas Koriander und Zitronenspalten zum Garnieren

Außerdem

Stabmixer oder Küchenmaschine

Safran-Mandel-Butter

Die Mandeln in feine Stücke hacken. In einem kleinen Topf die Mandeln mit dem Öl und den Safranfäden vermengen und 1–2 Min. erwärmen. Vom Herd nehmen und abkühlen lassen.

Die Butter und die Mandelmischung in eine Schüssel geben und mit einer Gabel gut vermengen. Salz, Zitronenabrieb und -saft zufügen und alles zu einer weichen Butter verrühren. Die weiche Butter auf ein Stück Pergamentpapier geben, zu einer Rolle formen und die Enden gut verschließen. Die Butter vor dem Servieren mindestens 1 Std. im Kühlschrank fest werden lassen.

40 g geschälte Mandelkerne
1 TL Olivenöl
½ TL Safranfäden
125 g zimmerwarme Butter
½ TL grobes Meersalz
Abrieb und Saft von ½ Bio-Zitrone

Tipp: Die Aufstriche schmecken himmlisch zu einem frischen Ciabatta!

Gefülltes Zupfbrot

mit Steinpilzen und Feta-Pilz-Dip

Für das Zupfbrot

5 Knoblauchzehen
4 Frühlingszwiebeln
150 g weiche Butter
Salz
frisch gemahlener schwarzer Pfeffer
250 g Steinpilze
150 g Gouda
1 Laib Bauernbrot (750 g)

Für den Feta-Pilz-Dip

100 g Champignons
1 EL Butter
100 g Feta
50 g Crème fraîche
100 g Joghurt
½ rote Zwiebel
3 Stängel Basilikum
4 Stängel glatte Petersilie
Salz
frisch gemahlener schwarzer Pfeffer
½ TL Chiliflocken
etwas Zitronensaft

Für das Zupfbrot den Knoblauch schälen und sehr fein hacken. Die Frühlingszwiebeln waschen, putzen und in dünne Ringe schneiden. In einer kleinen Schüssel beides mit der Butter verrühren und mit Salz und Pfeffer würzen. Die Steinpilze putzen, mit einem Geschirrtuch abreiben, falls erforderlich, dann in Scheiben schneiden. Den Gouda reiben.

Den Backofen auf 180 °C vorheizen.

Das Brot gitterförmig einschneiden, dabei aufpassen, dass es unten noch zusammenhängt. Die Pilze und den Käse in den Spalten verteilen, dann die Buttermischung in die Ritzen füllen und das Brot damit bestreichen. Das Brot im Ofen 20–25 Min. backen. Wenn es oben dunkel wird, bevor der Käse geschmolzen ist, mit Alufolie abdecken.

Für den Dip die Champignons putzen und fein hacken. In einer Pfanne die Butter erhitzen, die Pilze darin kurz braten, dann abkühlen lassen.

Den Feta in eine Schüssel krümeln und mit der Crème fraîche und dem Joghurt verrühren. Die Zwiebel schälen und in kleine Würfel schneiden. Das Basilikum und die Petersilie abbrausen, trocken tupfen, die Blättchen abzupfen und fein hacken.

Die Zwiebel und die Kräuter unter die Creme mischen, dann die Pilze unterrühren und mit Salz, Pfeffer, Chiliflocken und Zitronensaft würzen.

Das Brot aus dem Ofen nehmen und mit dem Dip sofort servieren.

Zweierlei Festtags-Bruschetta

Bruschetta mit Birne und Ziegenkäse

1 Knoblauchzehe
8 Scheiben Baguette
3 EL Olivenöl
1 Zweig Rosmarin
1 Zweig Thymian
1 Birne
1 Zwiebel
1 TL Butter
Salz
frisch gemahlener schwarzer Pfeffer
80 g Ziegenkäse

Den Grill des Backofens vorheizen. Den Knoblauch schälen und halbieren.

Die Baguettescheiben im Ofen unter dem Grill ca. 5 Min. rösten. Herausnehmen, mit der halbierten Knoblauchzehe einreiben und jeweils mit etwas Olivenöl beträufeln.

Die Rosmarinnadeln und die Thymianblättchen abbrausen, abzupfen und fein hacken. Die Birne waschen, vom Kerngehäuse befreien und fein würfeln. Die Zwiebel schälen und in feine Würfel schneiden.

In einer Pfanne die Butter zerlassen und die Birnen- und Zwiebelwürfel mit Rosmarin und Thymian anschwitzen. Mit Salz und Pfeffer würzen.

Die Mischung auf den Baguettescheiben verteilen und den Ziegenkäse darüberbröseln.

Tomaten-Pilz-Bruschetta

1 Knoblauchzehe
1 Baguette
10 EL Olivenöl
4 gelbe Tomaten
100 g Champignons
Salz
frisch gemahlener schwarzer Pfeffer
1 Bund Basilikum
150 g Ricotta

Den Backofen auf 200 °C vorheizen. Den Knoblauch schälen und halbieren.

Das Baguette in 2 cm dicke Scheiben schneiden, mit 2 EL Olivenöl beträufeln und mit dem Knoblauch einreiben. Auf ein Blech legen und im Ofen 10 Min. goldbraun rösten.

Die Tomaten waschen, von den Stielansätzen befreien und würfeln. Die Champignons putzen und in Scheiben schneiden.

In einer Pfanne 2 EL Olivenöl erhitzen und die Pilze kurz darin braten. Mit den Tomaten in einer Schüssel mischen und kräftig mit Salz und Pfeffer würzen.

Die Basilikumblättchen abbrausen, abzupfen und fein hacken. Zusammen mit dem restlichen Olivenöl zu den Pilzen geben. Die Brotscheiben mit Ricotta bestreichen, Tomaten und Pilze darauf verteilen und servieren.

Tipp: Die Baguettescheiben können auch in einer Pfanne geröstet werden.

MB

Zauberhafte
Hauptgerichte

Sophie Reinheimer

Eisblumen

Nun war draußen nirgendwo mehr eine bunte Blume zu sehen, die Beete im Garten waren mit Tannenzweigen zugedeckt, die Rosenstöcke hatten eine warme Strohkapuze über den Kopf bekommen, und auch die Blumenstöcke vorm Fenster waren verwelkt und man hatte sie fortgenommen. „Schade", sagte das Sofa, das so recht behaglich hinter dem großen Esstisch in der Stube stand und gerade auf das Fenster sehen konnte. „Es war so hübsch, wenn die Blumen uns zunickten und uns erzählten, was draußen auf der Straße vor sich ging." Die anderen Möbel fanden das auch. Der Tisch meinte zwar, man solle nicht klagen, denn jetzt fange die gemütliche Zeit für die Stube eigentlich erst an! Im Sommer liefen die Menschen alle fort - hinaus in Garten, Wald und Feld. Im Winter aber blieben sie hübsch in der Stube zusammen, erzählten sich was oder lasen sich was vor, und so hörten sie - die Möbel - doch eigentlich noch mehr als von den Blumen. Das war wahr. Aber - schöner hatte die Stube doch mit den Blumen ausgesehen, das war ganz sicher. Nun hört, was ein paar Wochen später eines Morgens den Möbeln für eine große Überraschung aufblühte: Es war bitterkalt draußen, und auch in der Stube war es in der Nacht so kalt geworden, dass die Möbel die Betten in der Schlafstube beneideten, die sich so schön mit warmen Federkissen zudecken durften. Da - als der Schrank eben aus dem Schlaf erwachte, tat er vor Verwunderung einen lauten Knack. Die anderen Möbel wachten alle davon auf, und was sahen sie? Das ganze Fenster war von oben bis unten mit einer schneeweißen, glitzernden Kruste bedeckt. Es war kein gewöhnliches, glattes Eis. Ganz sonderbare Gebilde waren darauf zu sehn - wie Blumen, Blätter, Stiele, aber alles ganz durcheinander - manchmal schwer zu erkennen. „Was ist das nur?", fragte ganz leise das Sofa. Es war ganz benommen von der weißen Glitzerherrlichkeit. „Ist der Glaser vielleicht heute Nacht da gewesen und hat heimlich andere Scheiben eingesetzt?" „Vielleicht ist's hier so ähnlich wie im Häuschen der Hänsel-und-Gretel-Hexe", meinte der Spiegelschrank. „Die Hexe, die in mir steht, wird die Scheiben in Zucker verwandelt haben." Bei dem Wort „Zucker" machte die kleine schwarze Fliege, die auch mit in der Stube wohnte, sich schleunigst auf den Weg. Aber ganz enttäuscht kam sie bald zurückgeflogen. „Nein - es ist kein Zucker", sagte sie. „Es schmeckt auch nicht ein bisschen süß! Aber so rau ist's wie Zucker, das ist wahr." „Ich glaube, dass es Blumen sind", sagte das Gießkännchen. Das Ofenrohr, das immer gleich ein bisschen oben hinaus war, sagte zwar: „Ach - schwätzen Sie doch kein Blech!" Aber alle anderen in der Stube gaben dem kleinen Gießkännchen recht. Ja - wer hatte diese seltsamen schneeweißen Blumen aber nur so in aller Herrgottsfrühe ans Fenster gezaubert? Die Möbel hätten es gar zu gerne gewusst! Aber das Fenster - das einzige, das doch darüber hätte Auskunft geben können - das war ganz starr und stumm, man wusste nicht, war es das vor lauter Entzücken oder hatte es jemand mit den weißen Blumen gleich mitverzaubert. Horch - da klang plötzlich von der Straße her ein Lied: „Der Winter hat heut über Nacht viel Blumen mitgebracht. Eisblumen sind's, Eisblumen sind's - habt ihr's euch nicht gedacht? 'ne ganze Ladung kam heut früh direkt vom Nordpol an, ganz frisch gepflückt, ganz frisch gepflückt, wie man gleich sehen kann. Der Winter streut im Sonnenschein vor jedes Fenster sie. Oooh - wundern sich die Leut da und staunen! Hui hihi ..."

Kürbisrisotto

mit Salbeibutter und karamellisierten Maronen

Für die Maronen

2 Handvoll Maronen
1 EL Butter
2 EL Honig

Für das Risotto

1 mittelgroßer Hokkaido-Kürbis
1 Zimtstange
5 EL Olivenöl
1 Knoblauchzehe
1 Zwiebel
300 g Risottoreis
200 ml trockener Weißwein
1 l heiße Gemüsebrühe
100 g geriebener Parmesan
Salz
frisch gemahlener schwarzer Pfeffer
1 Bund Salbei
3-4 EL Butter

Den Backofen auf 200 °C vorheizen.

Die Maronen kreuzweise einschneiden und in einer Schüssel mit Wasser 5-10 Min. einweichen. Die Maronen mit dem Einschnitt nach oben auf ein Backblech legen und im Ofen 15-20 Min. garen. Mit der Hand die Schalen entfernen und die Maronen grob hacken.

In einer Pfanne die Butter und den Honig zerlassen, die Maronen zugeben und bei mittlerer Hitze karamellisieren lassen. Herausnehmen und abkühlen lassen.

Den Kürbis waschen, von den Samen befreien und in Spalten schneiden. Die Zimtstange zerbrechen und in einem Mörser fein zermahlen. Die Kürbisspalten mit 3 EL Olivenöl bestreichen und zusammen mit dem Zimt in eine Auflaufform geben. Im Backofen 40-45 Min. garen.

Den Knoblauch und die Zwiebel schälen und fein hacken. In einem großen Topf das restliche Öl erhitzen. Die Zwiebel und den Knoblauch glasig anschwitzen, den Reis zugeben, ebenfalls kurz anschwitzen, dann alles mit dem Weißwein ablöschen.

Nach und nach portionsweise so viel Brühe zugießen, dass der Reis gerade bedeckt ist. Den Reis unter ständigem Rühren bei mittlerer Hitze garen. Sobald die Brühe vom Reis fast aufgesogen ist, erneut etwas Brühe zugeben, bis der Reis vollständig gar ist.

Den Kürbis aus dem Ofen nehmen, in mundgerechte Stücke schneiden und zu dem fertig gegarten Reis geben. Den Topf vom Herd nehmen.

Den Parmesan unterrühren und alles mit Salz und Pfeffer würzen. Den Salbei abbrausen, trocken tupfen und die Blättchen abzupfen. In einer Pfanne die Butter zerlassen, die Salbeiblätter darin 1-2 Min. braten und zu dem Reis geben.

Den Kürbisrisotto auf Teller verteilen und vor dem Servieren mit den karamellisierten Maronen bestreuen.

Kürbisnocken mit Roter Bete in Salbeibutter

Den Backofen auf 200 °C vorheizen. Den Kürbis putzen, die Samen mit einem Löffel herauskratzen und in 6 Spalten schneiden. Auf ein mit Backpapier ausgelegtes Blech legen und 35 Min. im Ofen backen.

In der Zwischenzeit in einem Topf Salzwasser zum Kochen bringen und die Kartoffeln 20 Min. darin garen. Abgießen, ausdampfen lassen, pellen und durch eine Kartoffelpresse in eine Schüssel drücken.

Den Kürbis aus dem Ofen nehmen, ebenfalls gut ausdampfen lassen, zerstampfen und zu den Kartoffeln geben. Mit Salz, Pfeffer, Muskat und Zitronensaft würzen. Das Eigelb und den Grieß zugeben und mit einem Holzlöffel zu einer geschmeidigen Masse verrühren. Falls die Masse zu klebrig ist, etwas Mehl einarbeiten.

Aus der Kartoffel-Kürbismasse mehrere 2 cm dicke Rollen formen, davon 2 cm dicke Stücke abschneiden und mit bemehlten Handflächen zu Kugeln formen. Auf ein bemehltes Backblech legen und mit den Zinken einer Gabel leicht eindrücken.

In einem großen Topf Salzwasser zum Kochen bringen. Die Nocken darin portionsweise in je 2–3 Min. gar ziehen lassen, bis sie an die Oberfläche steigen. Mit einem Schaumlöffel herausnehmen und abkühlen lassen.

Die Rote Bete würfeln. Den Knoblauch schälen, halbieren und mit dem Messerrücken andrücken. Den Salbei in Streifen schneiden. Das Basilikum abbrausen und trocken tupfen, den Parmesan in dünne Späne hobeln.

In einer Pfanne 1 EL Öl und 1 TL Butter erhitzen, Gemüse und Salbei darin 5 Min. braten, dann beiseitestellen. Die Pfanne auswischen. Das restliche Fett erhitzen und die Nocken darin kurz schwenken.

Die Rote Bete mit den Nocken vermengen. Mit dem Basilikum und dem Parmesan bestreut sofort servieren.

Für die Kürbisnocken

1 kg Hokkaido-Kürbis
Salz
500 g Kartoffeln (vorwiegend festkochend)
frisch gemahlener schwarzer Pfeffer
frisch geriebene Muskatnuss
1 Spritzer Zitronensaft
1 Eigelb
4 EL Hartweizengrieß

Für die Rote Bete

500 g vorgegarte Rote Bete
2 Knoblauchzehen
20 Salbeiblättchen
2 EL Öl
2 TL Butter

Außerdem

10 Basilikumblättchen
120 g Parmesan
Mehl zum Bearbeiten
Kartoffelpresse

Rote-Bete-Kürbis-Wellingtons

mit Grünkohl-Pesto

Für die Rote-Bete-Kürbis-Wellingtons

1 rote Zwiebel
250 g Rote Bete
½ Butternut-Kürbis (ca. 400 g)
5 Knoblauchzehen
Salz
2 EL Olivenöl
1 EL Thymian plus etwas zum Bestreuen
1 EL Sumach plus etwas zum Bestreuen
250 g gekochte Puy-Linsen
2 Rollen Blätterteig
2 EL Mandelmilch

Für das Grünkohl-Pesto

180 g gekochte Maronen
½ Zitrone
100 g Grünkohl
4 EL Olivenöl
Meersalz

Den Backofen auf 190 °C vorheizen.

Für die Rote-Bete-Kürbis-Wellingtons die Zwiebel schälen und achteln. Die Rote Bete schälen und würfeln, den Kürbis schälen, von den Samen befreien und würfeln. Die Knoblauchzehen mit Schale leicht zerdrücken und alles in einer Schüssel mit Olivenöl, Thymian und Sumach vermischen. Gleichmäßig auf einem Backblech verteilen und im Ofen 45 Min. rösten.

Wenn das Gemüse weich ist, die Knoblauchzehen schälen und zerdrücken. In einer Schüssel die Hälfte der Knoblauchpaste mit den Linsen und dem gerösteten Gemüse vermischen, mit Salz würzen und alles gut abkühlen lassen.

Für das Grünkohl-Pesto die Maronen grob hacken. Die Zitrone auspressen. In einem kleinen Topf Wasser zum Kochen bringen und den Grünkohl darin 2 Min. blanchieren, dann abgießen und ausdrücken. Alles mit der restlichen Knoblauchpaste, Olivenöl und etwas Salz zu einem dicken Pesto pürieren.

Den Backofen auf 190 °C vorheizen.

Für die Wellingtons die beiden Blätterteigplatten der Breite nach halbieren. Das Pesto auf jeweils einer Rechteckhälfte verteilen und die Linsen-Gemüse-Füllung daraufgeben. Die Ränder mit etwas Mandelmilch bestreichen, die Rechtecke zuklappen und gut verschließen.

Die Wellingtons auf ein mit Backpapier ausgelegtes Blech geben, mit Mandelmilch bestreichen, mit Sumach bestreuen und im Ofen 30-40 Min. goldbraun backen.

Serviettenknödel mit Pilzragout

Für die Knödel das Toastbrot in kleine Würfel schneiden. In einer Pfanne die Butter zerlassen, die Brotwürfel darin goldgelb rösten, dann abkühlen lassen. Die Eier vorsichtig trennen. In einer großen Schüssel mit den Knethaken des Handrührgeräts das Mehl mit Eigelben und Salz verkneten, dabei die Milch zugeben, bis der Teig cremig ist. Die Petersilie abbrausen, trocken tupfen, die Blättchen abzupfen, fein hacken und mit den Toastwürfeln unter den Teig mischen. Die Eiweiße steif schlagen und vorsichtig unterheben.

In einem weiten Topf Salzwasser zum Kochen bringen. Den Teig zu einem Laib formen, in Frischhaltefolie einwickeln und straff mit Alufolie umwickeln. Im siedenden Salzwasser 30 Minuten bei geringer Hitze gar ziehen lassen.

Für das Ragout die Pilze vorsichtig putzen und mit einem Geschirrtuch abreiben, falls erforderlich. Kleinere halbieren, größere in Scheiben schneiden. Die Schalotten schälen und fein würfeln. Die Petersilie abbrausen, trocken tupfen, die Blättchen abzupfen und hacken. Den Gouda reiben.

In einer Pfanne das Öl erhitzen, die Schalotten darin glasig anschwitzen, herausnehmen und beiseitestellen. Die Pilze in derselben Pfanne bei starker Hitze unter Rühren braten, bis die Flüssigkeit weitestgehend verdampft ist. Die Sahne angießen und offen bei schwacher Hitze wenige Min. köcheln. Den Gouda kurz vor Ende zugeben. Mit Salz und Pfeffer würzen. Die Petersilie untermengen.

Den Knödel herausnehmen und abtropfen lassen. Auswickeln und in dicke Scheiben schneiden. In einem kleinen Topf die Butter zerlassen. Die Knödelscheiben damit begießen und mit dem Ragout servieren.

Tipp: Einfach köstlich schmecken Reste vom Serviettenknödel am nächsten Tag, wenn die Scheiben in Butter knusprig gebraten werden.

Für den Serviettenknödel

180 g Toastbrot
100 g Butter
2 Eier
300 g Mehl
Salz
80 ml Milch
1 Bund glatte Petersilie

Für das Pilzragout

800 g Mischpilze
2 Schalotten
1 Bund glatte Petersilie
50 g alter Gouda
2 EL Olivenöl
200 ml Sahne
Salz
frisch gemahlener schwarzer Pfeffer

Außerdem

100 g Butter
sauberes Geschirrtuch
Handrührgerät

Nussbraten mit Süßkartoffel-Maronen-Püree

Für den Nussbraten

150 g Nusskerne nach Wahl
100 g Pistazienkerne
100 g Möhren
1 Zwiebel
2 Knoblauchzehen
200 g vorgegarte Maronen
2 Zweige Rosmarin
2 Zweige Thymian
60 g Parmesan
2 Scheiben Vollkorntoast
Abrieb von ½ Bio-Zitrone
2 Eier
25 g Senf
2 EL Sojasoße
100 g Apfelsinenkonfitüre
Salz
2 EL Butter

Für das Süßkartoffel-Maronen-Püree

150 g Süßkartoffeln
150 g Kartoffeln (mehligkochend)
1 Zimtstange
75 ml heiße Milch
100 g vorgegarte Maronen
Salz, Pfeffer
3 Prisen frisch geriebene Muskatnuss

Außerdem

Kastenform

Für den Braten die Nüsse und die Pistazien sehr fein hacken und in einer Pfanne ohne Fett rösten. Zum Abkühlen beiseitestellen.

Die Möhren schälen und raspeln. Die Zwiebel und den Knoblauch schälen und fein würfeln. Die Maronen fein hacken. Die Kräuter abbrausen, trocken tupfen, die Blättchen und Nadeln abzupfen und fein hacken.

Den Parmesan reiben. Den Vollkorntoast fein würfeln. Den Backofen auf 180 °C vorheizen. Eine Kastenform mit Backpapier auslegen.

Alle Zutaten für den Braten außer der Butter in eine Schüssel geben und gut verkneten. In die Form füllen, leicht andrücken und mit Alufolie abdecken. Im vorgeheizten Ofen 30 Min. backen.

Die Alufolie vom Braten entfernen, die Butter in Flöckchen auf dem Braten verteilen und weitere 20 Min. backen.

Für das Püree beide Kartoffelsorten schälen und grob würfeln. In einem Topf Salzwasser zum Kochen bringen und alle Kartoffelwürfel mit der Zimtstange abgedeckt 20 Min. garen. Die Kartoffeln abgießen, die Zimtstange entfernen, die Milch und die Maronen zugeben und alles zerstampfen. Mit Salz, Pfeffer und Muskat würzen.

Zum Servieren den Braten aus der Form stürzen, in Scheiben schneiden und mit dem Püree auf 4 Teller verteilen.

Wintergemüse-Gratin

Den Backofen auf 200 °C vorheizen.

Den Staudensellerie putzen und fein schneiden. Den Lauch putzen, waschen und ohne das dunkle Grün in feine Ringe schneiden.

In einem großen Topf das Olivenöl erhitzen. Den Staudensellerie und den Lauch darin unter Rühren anschwitzen. Dann eine Auflaufform mit Butter einfetten und das Gemüse hineingeben.

Kartoffeln, Knollensellerie und Möhren schälen, in dünne Scheiben hobeln und schuppenartig auf das Gemüse in der Form schichten. Alles mit Salz und Pfeffer würzen.

In einer Schüssel das Ei mit Sahne und Milch verrühren und über die Gemüsescheiben gießen. Den Käse entrinden, hobeln oder in dünne Scheiben schneiden und darauf verteilen. Die Butter in Flöckchen obenauf setzen.

Das Gratin im vorgeheizten Backofen 30–40 Min. backen, bis der Käse schön gebräunt ist. Mit Kresse bestreuen und servieren.

Tipp: Dazu schmeckt Salat, beispielsweise der Kräutersalat von S. 69.

2 Stangen Staudensellerie
2 mitteldicke Stangen Lauch
1 EL Olivenöl
1 EL Butter plus etwas für die Form
200 g Kartoffeln (vorwiegend festkochend)
150 g Knollensellerie
3 große Möhren
Salz
frisch gemahlener weißer Pfeffer
1 Ei
200 ml Sahne
125 ml Milch
150 g Reblochon oder Tomme de Savoie

Außerdem

Gartenkresse zum Garnieren

Brüder Grimm

Die Wichtelmänner

Es war ein Schuster ohne seine Schuld so arm geworden, dass ihm schließlich nichts mehr übrig blieb als Leder zu einem einzigen Paar Schuhe. Nun schnitt er am Abend die Schuhe zu, die wollte er am nächsten Morgen anfertigen; und weil er ein gutes Gewissen hatte, legte er sich ruhig zu Bett, befahl sich dem lieben Gott und schlief ein.

Morgens, nachdem er sein Gebet verrichtet hatte und sich zur Arbeit hinsetzen wollte, standen die beiden Schuhe ganz fertig auf seinem Tisch. Er wunderte sich und wusste nicht, was er dazu sagen sollte. Er nahm die Schuhe in die Hand, um sie näher zu betrachten: Sie waren so sauber gearbeitet, dass kein Stich daran falsch war, so als wenn es ein Meisterstück sein sollte.

Bald darauf trat auch schon ein Käufer ein, und weil ihm die Schuhe so gut gefielen, bezahlte er mehr als gewöhnlich dafür, und der Schuster konnte sich von dem Geld Leder für zwei Paar Schuhe erhandeln. Er schnitt sie abends zu und wollte den nächsten Morgen mit frischem Mut an die Arbeit gehen, aber er brauchte es nicht, denn als er aufstand, waren sie schon fertig, und es blieben auch nicht die Käufer aus, die ihm so viel Geld gaben, dass er Leder für vier Paar Schuhe einkaufen konnte.

Er fand frühmorgens auch die vier Paar fertig; und so ging's immer fort, was er abends zuschnitt, das war am Morgen verarbeitet, also dass er bald wieder sein ehrliches Auskommen hatte und endlich ein wohlhabender Mann ward.

Nun geschah es eines Abends nicht lange vor Weihnachten, als der Mann wieder zugeschnitten hatte, dass er vor dem Schlafengehen zu seiner Frau sprach: „Wie wär's, wenn wir diese Nacht aufblieben, um zu sehen, wer uns solche hilfreiche Hand leistet?"

Die Frau war zufrieden und steckte ein Licht an; darauf verbargen sie sich in den Stubenecken hinter den Kleidern, die da aufgehängt waren, und gaben Acht. Als es Mitternacht war, da kamen zwei kleine, niedliche nackte Männlein, setzten sich vor des Schusters Tisch, nahmen alle zugeschnittene Arbeit zu sich und fingen an, mit ihren Fingerlein so behänd und schnell zu stechen, zu nähen, zu klopfen, dass der Schuster vor Verwunderung die Augen nicht abwenden konnte. Sie ließen nicht nach, bis alles zu Ende gebracht war und fertig auf dem Tische stand, dann sprangen sie schnell fort.

Am anderen Morgen sprach die Frau: „Die kleinen Männer haben uns reich gemacht, wir müssten uns doch dankbar dafür zeigen. Sie laufen so herum, haben nichts am Leib und müssen frieren. Weißt du was? Ich will Hemdlein, Rock, Wams und Höslein für sie nähen, auch jedem ein Paar Strümpfe stricken; mach du jedem ein Paar Schühlein dazu." Der Mann sprach: „Das bin ich wohl zufrieden", und abends, als sie alles fertig hatten, legten sie die Geschenke statt der zugeschnittenen Arbeit zusammen auf den Tisch und versteckten sich dann, um mit anzusehen, wie sich die Männlein dazu anstellen würden.
Um Mitternacht kamen sie herangesprungen und wollten sich gleich an die Arbeit machen, als sie aber kein zugeschnittenes Leder, sondern die niedlichen Kleidungsstücke fanden, verwunderten sie sich erst, dann aber bezeigten sie eine gewaltige Freude. Mit der größten Geschwindigkeit zogen sie sich an, strichen die schönen Kleider am Leib und sangen: „Sind wir nicht Knaben glatt und fein? Was sollen wir länger Schuster sein!" Dann hüpften und tanzten sie und sprangen über Stühle und Bänke. Endlich tanzten sie zur Türe hinaus. Von nun an kamen sie nicht wieder, dem Schuster aber ging es wohl, solang er lebte, und es glückte ihm alles, was er unternahm.

Lachs mit Kartoffeln und Erbsenpesto

400 g Kartoffeln (festkochend)
Salz
4 Lachsfilets
Rauchsalz
1 kleine Bio-Zitrone
8 Zweige Zitronenthymian
2 EL Butter
180 g Erbsen (TK)
50 g Parmesan
1 Knoblauchzehe
50 g Pinienkerne
50 ml Olivenöl
frisch gemahlener schwarzer Pfeffer

Außerdem

Küchengarn

Die Kartoffeln schälen. In einem Topf Salzwasser zum Kochen bringen und die Kartoffeln darin 20 Min. garen. Den Backofen auf 140 °C vorheizen.

Die Lachsfilets unter kaltem Wasser abspülen, trocken tupfen, auf je ein Backpapier legen und mit dem Rauchsalz würzen. Die Zitrone heiß waschen, trocken tupfen und in dünne Scheiben schneiden. Auf den Lachsfilets verteilen. Den Thymian abbrausen, trocken tupfen und mit der Butter in Flöckchen ebenfalls auf die Filets geben.

Die Päckchen zusammenfalten, mit Küchengarn verschließen, in eine Auflaufform oder auf ein Backblech legen und im Ofen 20 Min. garen.

In einem Topf Salzwasser zum Kochen bringen und die Erbsen darin 4-5 Min. blanchieren, in ein Sieb abgießen und unter fließendem kaltem Wasser abschrecken.

Den Parmesan reiben und den Knoblauch schälen.

Erbsen, Knoblauch, Pinienkerne, Parmesan und Olivenöl in ein hohes Gefäß geben, mit dem Pürierstab zu einem cremigen Pesto verarbeiten und mit Salz und Pfeffer würzen.

Den Lachs aus dem Ofen nehmen und mit den Kartoffeln und dem Erbsenpesto servieren.

Goldbrasse in Salzkruste

mit Pinienkernbutter und Zitronen-Thymian-Kartoffeln

Für die Kartoffeln

1 kg kleine Kartoffeln (festkochend)
2 Bio-Zitronen
1 EL getrockneter Thymian
Meersalz
Olivenöl

Für den Fisch

1 Goldbrasse oder Wolfsbarsch
1 Bio-Zitrone
1 Bund Zitronenthymian
2 Eiweiß
2 kg Steinsalz

Für die Pinienkernbutter

50 g Pinienkerne
15 Kirschtomaten
1 Knoblauchzehe
150 g Butter

Den Backofen auf 180 °C vorheizen.

Die Kartoffeln gründlich waschen und ungeschält halbieren, die Zitronen heiß waschen und in schmale Spalten schneiden. In einer großen Schüssel Kartoffelhälften, Zitronenspalten, Thymian und Salz mit reichlich Olivenöl vermischen und gleichmäßig auf einem Backblech verteilen.

Den Fisch innen und außen waschen und trocken tupfen. Die Zitrone heiß waschen und in dünne Scheiben schneiden. Den Zitronenthymian abbrausen, trocken tupfen und mit der Zitrone in die Bauchhöhle des Fisches geben.

Für die Salzkruste in einer großen Schüssel das Eiweiß steif schlagen und mit 2 EL Wasser und dem Salz vermischen. Einen Teil der Salz-Eiweiß-Mischung 1 cm hoch und etwas länger und breiter als der Fisch auf ein Backblech streichen. Den Fisch darauflegen, mit dem restlichen Salz bedecken und gut festdrücken.

Die Kartoffeln 50-60 Min. im Ofen rösten und ab und zu wenden, bis sie von allen Seiten knusprig und goldbraun sind. Nach 10 Min. das Blech mit dem Fisch ebenfalls in den Ofen geben und diesen 40-45 Min. garen.

In der Zwischenzeit die Pinienkerne grob hacken, die Kirschtomaten blanchieren, hauten, von den Samen befreien und das Fruchtfleisch in sehr kleine Würfel schneiden. Die Knoblauchzehe schälen und zerdrücken. In einem kleinen Topf die Butter bei mittlerer Hitze zerlassen, die Knoblauchzehe zufügen und die Butter leicht bräunen.

Die Knoblauchzehe aus der Butter nehmen. Die Tomatenwürfel und Pinienkerne zur Butter geben, vermischen und alles in eine kleine Schüssel füllen.

Die Kartoffeln und den Fisch aus dem Ofen nehmen. Die Salzkruste rundherum mit einem Messer aufklopfen und vorsichtig abheben. Die Fischfilets von der Gräte lösen und mit der Pinienkernbutter und den Kartoffeln servieren.

Josef Guggenmos

Warum es keine Weihnachtslärche gibt

„Herbst, was hast du uns mitgebracht?", riefen die Bäume. „Mitgebracht?", brummte der Herbst. „Die anderen Jahreszeiten haben uns die schönsten Dinge geschenkt!", schallte es von allen Seiten. „Der Frühling hat uns allen herrliche grüne Kleider gegeben!" „Dazu hat er uns mit schneeweißen Blüten überschüttet!", riefen Birnbaum, Kirschbaum und Pflaumenbaum. „Mich hat er mit rosafarbenen Blüten geschmückt!", rief der Apfelbaum. „Mir hat er tausend rote Blütenkätzchen geschenkt!", rief die Fichte. „Mir hat er auf jeden Zweig prächtige Blütenkerzen gesteckt!", rief die Kastanie. „Und der Sommer!", riefen die Bäume. „Der Sommer hat uns Früchte gegeben!" „Mich hat er mit blauen, weiß bereiften Kugeln behängt!", rief der Pflaumenbaum. „Mich mit wunderhübschen roten!", rief der Kirschbaum. „Uns hat er große, saftige Früchte beschert!", riefen der Birnbaum und der Apfelbaum. „Mir hat er zierliche Zapfen auf die Zweige gesteckt!", rief die Lärche. Die Bäume konnten nicht genug den Frühling und den Sommer loben. „Und du, Herbst", riefen sie da, „du nimmst uns die Früchte! Und was gibst du uns dafür?" „Ich habe nichts mitgebracht. Ich kann euch nichts geben", brummte der Herbst. „Ihr habt eure grünen Kleider noch, seid zufrieden!" „Ach, unsere grünen Kleider", hieß es. „An denen haben wir uns längst sattgesehen!" Die Bäume standen still und traurig, bis sich eine helle Stimme vernehmen ließ: „Kannst du uns nicht wenigstens die Kleider färben? Ich wünsche mir ein goldenes!" Alle schauten auf die Birke, die gesprochen hatte. Dann brach ein Sturm los: „Herbst, du musst uns die Kleider färben!" „Ich wünsche mir ein rotes Kleid!", rief der Kirschbaum. „Ich ein braunes!", rief die Eiche. „Ich ein violettes!", rief die Tanne. „Ich ein ockerfarbenes!", rief die Lärche. „Ich ein buntes!", rief der Ahorn. Der Herbst schüttelte sein Haupt. „Ich würde euch gerne den Gefallen tun", sagte er. „Aber was würde der Winter dazu sagen, wenn er kommt? Er würde toben! Ich kenne ihn: Er ist für das Schlichte, alles Buntscheckige ist ihm verhasst. Nein, es kann nicht sein!" „Oh, du willst nur nicht!", klagten die Bäume. „Der Winter hat gewiss nichts dagegen, wenn wir bunte Kleider tragen!" „Wir können ihn ja fragen", entschied der Herbst. Und er befahl dem Wind, eilig zum Winter zu laufen. Bis zum Winter war es ein weiter Weg. Der Wind rannte durch die Straßen der Dörfer und Städte, über die Fluren, durch die Täler, über die Höhen. Keuchend kehrte er zurück. „Der Winter ist außer sich", berichtete er. „Er droht, allen Bäumen den Kragen umzudrehen, wenn er jeden in einem andersfarbigen Kleid vorfindet." Die Bäume steckten die Köpfe zusammen. Schließlich machten sie dem Herbst einen Vorschlag: „Gib unsern Blättern und Nadeln schöne Farben! Wir versprechen dir, sie alle abzuwerfen, ehe der Winter kommt, dann hat er keinen Grund, sich zu beschweren. Der Frühling gibt uns später wieder neue Kleider." „Hm", meinte der Herbst, „dann steht ihr alle kahl da, wenn der Winter kommt. Ob er damit einverstanden ist? Ich glaube kaum. - Lauf, Wind, und frage ihn." Der Wind stöhnte, weil er den weiten Weg noch einmal machen musste. Fauchend und heulend fuhr er über das Land, bis er dorthin gelangte, wo der Winter wohnte. Der Winter erklärte: „Wenn den Bäumen so viel an bunten Kleidern gelegen ist, sollen sie ihre Freude haben! Aber ein Teil von ihnen muss grün bleiben. Ich will an Weihnachten nicht nur kahle Zweige sehen! Wind, höre gut zu, was ich dir sage! Die Laubbäume können sich ihr Laub vom Herbst färben lassen, wenn sie wollen; sie müssen es nur abgeworfen haben, bis ich komme. Die vier Nadelbäume aber - hast du verstanden? -, die vier Nadelbäume müssen grün bleiben. Wehe dir, wenn du meinen Befehl nicht ordentlich weitergibst!" Der Wind, den schon der Herbst so viel herumgeschickt hatte, wollte wenigstens zur Zeit des Winters seine Ruhe haben. Er nahm sich daher vor, seine Botschaft an die vier Nadelbäume genau auszurichten. Als er zurückkam, rief er sogleich: „Fichten, Tannen, Kiefern, Föhren, ihr vier habt mir zuzuhören! Bleibet grün, so wie ihr seid, grün, grün, grasgrün allezeit! Dieses muss ich euch berichten, Tannen, Kiefern, Föhren, Fichten!" Der Wind war überzeugt, seine Sache gut gemacht zu haben. Doch als der Winter kam und sich umschaute, da verfinsterte sich sein Gesicht. Er brüllte: „Wind, was habe ich dir aufgetragen?", und zeigte auf die Lärche, die mit kahlen Zweigen dastand. Unter ihr lagen die ockerfarbenen Nadeln verstreut, die sie abgeworfen hatte, wie die Laubbäume ihr Laub. „Aber ich habe doch ausdrücklich allen vier Nadelbäumchen befohlen", stotterte der Wind, „der Fichte, der Tanne, der Kiefer, der Föhre ..." „Und die Lärche?", brüllte der Winter. Da ging dem Wind plötzlich ein Licht auf: Er hatte die Kiefer, die auch Föhre heißt, zweimal genannt und die Lärche vergessen ... Ja, hätte der Wind damals nicht einen Fehler gemacht, könnten wir uns als Weihnachtsbaum eine kleine Lärche statt der Fichte oder Tanne ins Zimmer holen. Aber seien wir dem Wind nicht auch noch böse. Er ist bestraft genug. Hört nur, wie ihn der Winter draußen durch die Gegend jagt!

Lammfilets

mit Rosmarin auf Selleriepüree

Für das Lamm

4 Zweige Rosmarin
2 Zweige Thymian
1½ TL grob zerstoßene bunte Pfefferkörner
600 g Lammfilet
3 EL Olivenöl

Für das Püree

1 Knolle Sellerie (ca. 800 g)
200 g Kartoffeln (mehligkochend)
Salz
Abrieb von 1 Bio-Orange
50 ml Milch
50 ml Sahne
20 g Butter
1 Msp. gemahlener Zimt
1 Msp. frisch geriebene Muskatnuss
frisch gemahlener schwarzer Pfeffer

Außerdem

200 g grüne und gelbe Gartenbohnen
Salz
Olivenöl
200 g Kirschtomaten
Pfeffer

Die Kräuter abbrausen und trocken tupfen, die Nadeln bzw. Blättchen abzupfen, fein hacken und mit dem Pfeffer mischen. Das Lammfleisch abspülen und trocken tupfen, dann von Häuten, Sehnen und Fett befreien. Die Filets mit 1 EL Öl bestreichen und in der Pfeffer-Kräuter-Mischung wenden. In einen Gefrierbeutel geben, verschließen und im Kühlschrank mindestens 1 Std. marinieren.

Den Backofen auf 180 °C vorheizen.

Eine Schüssel mit kaltem Wasser füllen. Den Sellerie schälen, würfeln und hineingeben, damit er sich nicht verfärbt. Die Kartoffeln ebenfalls schälen und würfeln. Beides in reichlich Salzwasser 20 Min. kochen. Abgießen und warm halten.

In einer Pfanne das restliche Öl erhitzen. Die Lammfilets darin beidseitig je 1½ Min. anbraten. In eine feuerfeste Form geben und im Ofen weitere 7 Min. garen. Herausnehmen, auf ein Tranchierbrett legen, mit Alufolie abdecken und kurz ruhen lassen.

Die Kartoffeln und den Sellerie stampfen. Dabei Milch und Sahne nach und nach hinzugeben. Die Butter unterschlagen. Mit 1 TL Orangenabrieb, Zimt, Muskat, Salz und Pfeffer würzen.

Auf dem Herd einen Topf mit Salzwasser zum Kochen bringen.

Gartenbohnen putzen und im Salzwasser 1 Min. kochen, dann abseihen. In einer Pfanne Olivenöl erhitzen und die Gartenbohnen mit den Kirschtomatenrispen, Salz und Pfeffer bei geringer Hitze anbraten, dabei immer wieder wenden.

Das Fleisch in Scheiben schneiden und mit dem gebratenen Gemüse servieren.

Lammkeule

mit Ziegenfrischkäse und Kräutersalat

Für die Lammkeule den Knoblauch schälen, den Oregano abbrausen, trocken tupfen und die Blättchen abzupfen. Beides in einem Mörser mit Zitronenabrieb, Meersalz und 1 EL Olivenöl zu einer Paste verarbeiten. Das restliche Olivenöl zufügen und gut vermischen.

Die Lammkeule mit einem spitzen Messer rundherum einstechen und mit der Kräuterpaste gründlich einreiben. Anschließend in einem Gefrierbeutel möglichst luftdicht verpacken und für mindestens 3 Std. oder über Nacht im Kühlschrank marinieren, dabei ab und zu wenden, damit das Fleisch die Würze gleichmäßig von allen Seiten annimmt.

Die Lammkeule aus dem Kühlschrank nehmen und 2–3 Std. auf Zimmertemperatur erwärmen lassen. Den Grill im Backofen auf höchster Stufe (240 °C) vorheizen.

Das marinierte Fleisch von jeder Seite 15 Min. grillen und anschließend 10 Min. ruhen lassen.

Während das Lammfleisch ruht, den Salat zubereiten. Die Kräuter und den Rucola abbrausen, trocken schütteln, grob hacken und in einer Schüssel mit dem Olivenöl und dem Zitronensaft vermischen. Den Salat mit Salz und Pfeffer würzen.

Das gegrillte Fleisch auf einem großen Holzbrett in dicke Scheiben schneiden, den Kräutersalat und den Ziegenkäse darauf verteilen. Servieren und genießen.

Für die Lammkeule

5 Knoblauchzehen
1 Bund frischer Oregano
Abrieb von 2 Bio-Zitronen
1 TL Meersalz
6 EL Olivenöl
½ Lammkeule (entbeint und flach aufgeschnitten)

Für den Salat

2 Bund frische Kräuter nach Wahl (z. B. Basilikum, Minze, Koriander, Petersilie oder Estragon)
50 g Rucola
Olivenöl
Saft von 1 Zitrone
Salz und frisch gemahlener schwarzer Pfeffer

Zum Servieren

200 g Ziegenfrischkäse

Tipp: Als Beilage passen Honig-Balsamico-Möhren (siehe S. 26) und Zitronen-Thymian-Kartoffeln (siehe S. 63) hervorragend zu diesem Gericht.

Theodor Storm

Knecht Ruprecht

Von drauß' vom Walde komm ich her,
ich muss euch sagen, es weihnachtet sehr!
Allüberall auf den Tannenspitzen
sah ich goldene Lichtlein sitzen;
und droben aus dem Himmelstor
sah mit großen Augen das Christkind hervor.
Und wie ich so strolcht' durch den finstern Tann,
da rief's mich mit heller Stimme an:
„Knecht Ruprecht“, rief es, „alter Gesell,
hebe die Beine und spute dich schnell!
Die Kerzen fangen zu brennen an,
das Himmelstor ist aufgetan,
Alt und Junge sollen nun
von der Jagd des Lebens einmal ruhn;
und morgen flieg ich hinab zur Erden,
denn es soll wieder Weihnachten werden!“
Ich sprach: „O lieber Herre Christ,
meine Reise fast zu Ende ist;
ich soll nur noch in diese Stadt,
wo's eitel gute Kinder hat.“

Ernst Anschütz

O Tannenbaum

O Tannenbaum, O Tannenbaum,
wie treu sind deine Blätter.
Du grünst nicht nur zur Sommerzeit,
nein auch im Winter, wenn es schneit.
O Tannenbaum, O Tannenbaum,
wie grün sind deine Blätter!
O Tannenbaum, O Tannenbaum,
du kannst mir sehr gefallen!
Wie oft hat schon zur Winterszeit
ein Baum von dir mich hoch erfreut!
O Tannenbaum, O Tannenbaum,
du kannst mir sehr gefallen!

Krustenbraten

mit Kartoffeln

Für 6 Personen

5 Möhren
6 Knoblauchzehen
4 Zwiebeln
¼ Knolle Sellerie
1 Stange Lauch
3 Zweige Rosmarin
einige Lorbeerblätter
Salz
frisch gemahlener schwarzer Pfeffer
2 EL Öl
2 kg Schweinebauchfleisch
500 ml Gemüsebrühe
1 kg Kartoffeln (festkochend)
100 ml Sahne
2 EL Mehl

Den Backofen auf 175 °C Umluft vorheizen.

Möhren, Knoblauch, Zwiebeln und Sellerie schälen, putzen und in grobe Stücke schneiden. Den Lauch putzen, vom dunklen Grün befreien, gut waschen und in grobe Ringe schneiden. Den Rosmarin abbrausen, trocken tupfen und Nadeln abzupfen.

Die Lorbeerblätter in einer Fettpfanne verteilen, mit Salz und Pfeffer würzen und mit etwas Öl beträufeln.

Das Fleisch abspülen und trocken tupfen. Mit einem scharfen Messer Linien in die Schwarte ritzen. Den Braten mit Salz und Pfeffer einreiben und zwischen das Gemüse in die Fettpfanne setzen.

Im heißen Ofen ca. 2 Std. 45 Min. braten. Nach etwa 1 Std. den Braten mit der Gemüsebrühe ablöschen und das Gemüse und die Kartoffeln zugeben.

Nach der Bratzeit die Ofentemperatur erhöhen (220 °C Oberhitze) und das Fleisch weitere 6–10 Min. knusprig braten. Dann den Braten aus dem Ofen nehmen und warm halten.

Das Gemüse zusammen mit dem Bratensaft in ein Sieb geben und dabei die Flüssigkeit in einem Topf auffangen.

Die Soße erneut erhitzen, mit Sahne verfeinern und abschmecken. Mehl mit etwas kaltem Wasser verrühren und die Soße damit binden.

Den Braten aufschneiden und zusammen mit den Kartoffeln und der Soße anrichten.

Tipp: Serviere das Gericht mit Kräutersalat (siehe S. 69), um die Mahlzeit abzurunden.

Entenbrust

mit Orangenrotkohl

Den Rotkohl putzen, vom Strunk befreien und fein hobeln. Eine Orange auspressen, die andere schälen und filetieren. 3 Schalotten schälen und würfeln, die restliche Schalotte mit Nelken spicken. Die Hälfte der Schalottenwürfel beiseitestellen.

In einem Topf die Butter zerlassen und die restliche Hälfte der Schalotten darin anschwitzen. Den Rotkohl zufügen und 3 Min. dünsten. Mit Wein, Essig und Orangensaft ablöschen. Lorbeerblatt, Salz, Pfeffer und die mit Nelken gespickte Schalotte zugeben. Den Rotkohl 20–30 Min. bei mittlerer Hitze garen. Den Honig und die Orangenfilets unterrühren. Vom Herd nehmen.

Den Backofen auf 200 °C vorheizen.

Die Entenbrüste waschen und trocken tupfen. Die Haut rautenförmig einschneiden. Das Fleisch von beiden Seiten mit Salz und Pfeffer würzen. In einer heißen Pfanne ohne Fett mit der Hautseite nach unten bei mittlerer Hitze 2 Min. braten. Dann wenden und weitere 2 Min. braten. Die Brüste in eine Auflaufform legen, den Bratensatz in der Pfanne lassen und 10–15 Min. im vorgeheizten Ofen garen.

Inzwischen die übrigen Schalottenwürfel mit dem Zucker in dem Bratensatz bei mittlerer Hitze karamellisieren lassen. Den Wein und den Fond zugeben und köchelnd zur Konsistenz einer Soße reduzieren. Mit Salz und Pfeffer würzen. Die Brüste aus dem Ofen nehmen, in Alufolie wickeln und 2–3 Min. ruhen lassen.

Die Haselnüsse in einer Pfanne ohne Fett erhitzen und gleichmäßig anrösten.

Vor dem Servieren den Rotkohl kurz erwärmen. Das Lorbeerblatt und die Schalotte aus dem Rotkohl entfernen. Die Entenbrüste in Scheiben schneiden und mit Soße, Kresse, gerösteten Haselnusskernen und Rotkohl servieren.

Tipp: Der Rotkohl schmeckt auch als Beilage zur Weihnachtsgans.

Für den Rotkohl

1 Kopf Rotkohl (à 700 g)
2 Orangen
4 Schalotten
3 Gewürznelken
3 EL Butter
75 ml trockener Rotwein
1 EL Apfelessig
1 Lorbeerblatt
Salz
frisch gemahlener schwarzer Pfeffer
3 EL Honig

Für die Ente

4 Entenbrüste
Salz
frisch gemahlener schwarzer Pfeffer
2 TL brauner Zucker
45 ml trockener Rotwein
200 ml Entenfond

Außerdem

1 Handvoll gehackte Haselnüsse
1 Handvoll Gartenkresse

Gänsebraten

mit Kartoffelklößen und Rotkohl

Für den Gänsebraten

1 küchenfertige Gans (ca. 4 kg)
Salz
frisch gemahlener schwarzer Pfeffer
2 säuerliche Äpfel
3 Zwiebeln
1 Stängel Beifuß
100 g Rosinen

Für den Rotkohl

1,5 kg Rotkohl
4 Schalotten
7 Gewürznelken
4 Äpfel
3 EL Butter
150 ml Apfelsaft
375 ml trockener Rotwein
6 EL Apfelessig
400 g Preiselbeeren (Glas)
1 Zimtstange
3 Lorbeerblätter
frisch gemahlener schwarzer Pfeffer

Für die Kartoffelklöße

Salz
1 kg Kartoffeln (mehligkochend)
2 Eier
100 g Mehl

Außerdem

Küchengarn
Geschirrtuch

Den Backofen auf 200 °C vorheizen. Die Gans innen gründlich mit Salz und Pfeffer ausreiben. Die Äpfel schälen, vom Kerngehäuse befreien und vierteln. Die Zwiebeln schälen und würfeln. Beifuß abbrausen, trocken tupfen, die Blättchen abzupfen, mit Äpfeln, Zwiebeln und Rosinen vermischen, in das Innere der Gans geben und diese mit Küchengarn zunähen. Die Flügel nach hinten binden. Die Gans mit der Brust nach unten in eine große Fettpfanne setzen und mit 250 ml heißem Wasser begießen. Insgesamt 3 Std. im vorgeheizten Ofen braten.

Nach 30 Min. die Temperatur auf 180 °C reduzieren. Die Gans regelmäßig mit Salzwasser begießen. Wenn der Rücken gebräunt ist, wenden. Während des Garens hin und wieder die Seiten anstechen, damit das Fett ablaufen kann.

Den Rotkohl putzen, vom Strunk befreien, dann fein hobeln. 3 Schalotten schälen und würfeln, 1 Schalotte mit Nelken spicken. Die Äpfel schälen, vom Kerngehäuse befreien und würfeln. In einem Topf die Butter zerlassen und die Apfel- und Schalottenwürfel darin anschwitzen. Den Rotkohl zufügen und 3 Min. unter Rühren dünsten. Mit Saft, Wein und Essig ablöschen. Preiselbeeren, Zimt, Lorbeer, Pfeffer und die mit Nelken gespickte Schalotte zugeben. Den Rotkohl 30 Min. bei mittlerer Hitze garen, mehrmals umrühren. Dann weitere 1 Std. 30 Min. bei kleiner Hitze zugedeckt schmoren, regelmäßig umrühren.

In einem Topf Salzwasser zum Kochen bringen und die Hälfte der Kartoffeln darin 20 Min. garen. Abgießen, abschrecken und pellen. Den Rest schälen und fein reiben. In ein Geschirrtuch geben und die Kartoffelraspel gut ausdrücken, die Flüssigkeit in einer Schüssel auffangen. Die Pellkartoffeln durch eine Kartoffelpresse zu den Raspeln pressen. Das Kartoffelwasser vorsichtig abgießen, ca. 2 EL der am Schüsselboden abgesetzten Stärke und 1 TL Salz zu den Kartoffeln geben. Die Eier und das Mehl zugeben, die Masse gut verkneten und 30 Min. kühl stellen.

Den fertigen Braten aus dem Ofen nehmen und warm stellen. Bratensaft etwas abkühlen lassen, das Fett abschöpfen und entsorgen. Den Rest aufkochen und mit Pfeffer und Salz abschmecken.

Mit angefeuchteten Händen 8 Klöße aus der Kartoffelmasse formen. In reichlich siedendem (nicht kochendem!) Salzwasser ca. 20 Min. garen. Abtropfen lassen. Den Lorbeer und die gespickte Schalotte aus dem Rotkohl entfernen. Mit Salz und Pfeffer abschmecken.

Die Gans in Portionsstücke tranchieren und mit Soße, Klößen und Rotkohl servieren.

Charles Dickens

Ein Weihnachtslied

„Was ist denn heute für ein Tag?", rief Scrooge einem Knaben in Sonntagskleidern zu, der unterm Fenster stand.
„Wie?", fragte der Knabe mit der allergrößten Verwunderung.
„Was ist heut für ein Tag, mein Junge?", fragte Scrooge.
„Heute?", antwortete der Knabe. „Nun, Christtag."
„Es ist Christtag", sagte Scrooge zu sich selber. „Ich habe ihn also nicht versäumt. Die Geister haben alles in einer Nacht erledigt. Sie können alles, was sie wollen. Natürlich, natürlich. - Heda, mein Junge!"
„Was denn!", antwortete der Knabe.
„Kennst du des Geflügelhändlers Laden in der zweitnächsten Straße an der Ecke?", fragte Scrooge.
„I, warum denn nicht?", antwortete der Junge.
„Ein gescheiter Junge", nickte Scrooge. „Ein merkwürdiger Junge! Weißt du nicht, ob der Preistruthahn, der dort hing, verkauft ist? Nicht der kleine Preistruthahn, sondern der große."
„Was, der so groß ist wie ich?", entgegnete der Junge.
„Was für ein lieber Junge!", lächelte Scrooge. „Es ist eine Freude, mit ihm zu sprechen. Freilich wohl, mein Prachtjunge."
„Der hängt noch dort", antwortete der Junge.
„Ist's wahr?", sagte Scrooge. „Na, dann lauf und kaufe ihn."
„Hat sich was", spottete der Junge.
„Nein, nein", sagte Scrooge, „es ist mein Ernst. Geh hin und kaufe ihn und sag, sie sollen ihn hierherbringen, dass ich ihnen die Adresse geben kann, wohin sie ihn tragen sollen. Komm mit dem Träger wieder her, und ich gebe dir einen Schilling. Kommst du rascher als in fünf Minuten zurück, bekommst du eine halbe Krone." Der Bengel verschwand wie ein Blitz.

„Ich will ihn Bob Cratchit schicken", flüsterte Scrooge, sich die Hände reibend und fast vor Lachen platzend. „Er soll nicht wissen, wer ihn schickt. Er ist zweimal so groß wie Tiny Tim. Einen Witz wie den hat's noch nie gegeben."

„Da ist der Truthahn. Hallo! Hussa! Wie geht's? Fröhliche Weihnachten!"

Das war ein Truthahn! Er hätte nicht mehr lang lebendig auf seinen Füßen stehen können. Sie wären - knix - zerbrochen wie eine Stange Siegellack. „Was, das ist ja fast unmöglich, den nach Camden Town zu tragen!", sagte Scrooge. „Ihr müsst einen Wagen nehmen."

Das Lachen, mit dem er dies sagte, und das Lachen, mit dem er den Truthahn bezahlte, und das Lachen, mit dem er den Wagen bezahlte, und das Lachen, mit dem er dem Jungen ein Trinkgeld gab, wurde nur von dem Lachen übertroffen, mit dem er sich atemlos in seinen Stuhl niedersetzte und lachte, bis ihm die Tränen die Backen herunterliefen. Nachmittags lenkte er seine Schritte nach der Wohnung seines Neffen. Er ging wohl ein Dutzend Mal an der Tür vorüber, ehe er den Mut hatte anzuklopfen. Endlich fasste er sich ein Herz und klopfte. „Ist dein Herr zu Hause, liebes Kind?", sagte Scrooge zu dem Mädchen. Ein nettes Mädchen, wahrhaftig!

„Ja, Sir."

„Wo ist er, liebes Kind?", sagte Scrooge.

„Er ist in dem Speisezimmer, Sir, mit Madame. Ich will Sie hinaufführen, wenn Sie erlauben."

„Danke, danke. Er kennt mich", sagte Scrooge, mit der Hand schon auf der Türklinke. „Ich will gleich eintreten, liebes Kind."

Er machte die Tür leise auf und steckte den Kopf hinein. Sie betrachteten gerade den Speisetisch (der mit großem Aufwand gedeckt war); denn junge Hausfrauen sind immer sehr bedacht darauf und sehen gern alles in hübschester Ordnung. „Fred!", rief Scrooge.

Heiliger Himmel, wie seine Nichte erschrak! Scrooge hatte in dem Augenblick vergessen, dass sie mit dem Fußbänkchen in der Ecke gesessen hatte, sonst hätte er es um keinen Preis getan.

„Potztausend!", rief Fred. „Wer kommt da?"

„Ich bin's. Dein Onkel Scrooge. Ich komme zum Essen. Willst du mich hereinlassen, Fred?"

Ihn hereinlassen! Es war nur gut, dass er ihm nicht den Arm abriss. Er war in fünf Minuten wie zu Hause. Nichts konnte herzlicher sein als die Begrüßung seines Neffen. Und auch seine Nichte empfing ihn nicht minder herzlich. Auch Topper, als er kam. Auch die runde Schwester, als sie kam. Und alle, wie sie nach der Reihe kamen. Wundervolle Gesellschaft, wundervolle Spiele, wundervolle Eintracht, wundervolle Glückseligkeit!

Italienische Gans

nach Parma-Art

1 küchenfertige Gans (ca. 3 kg)
Salz
300 g Parmaschinken
8 Zwiebeln
3 EL Olivenöl
frisch gemahlener schwarzer Pfeffer
3 EL Zucker
100 ml Balsamicoessig
5 Gewürzplätzchen (z. B. Spekulatius)
½ Bund Petersilie
150 g Semmelbrösel
40 g geriebener Parmesan
1 Ei
80 ml Milch

Außerdem

Küchengarn

Den Ofen auf 180 °C vorheizen. Die Fettpfanne auf der untersten Schiene einschieben und erhitzen. Die Gans innen und außen waschen, trocken tupfen und mit Salz einreiben.

Den Schinken fein würfeln. Die Zwiebeln schälen und in Viertel schneiden. In einer Pfanne das Olivenöl erhitzen und die Zwiebeln darin anschwitzen. Den Schinken zugeben, mit Salz, Pfeffer und Zucker bestreuen und kurz karamellisieren lassen. Dann mit dem Balsamico ablöschen, das Ganze 1 Min. köcheln lassen und vom Herd nehmen. Die Gans mit der Schinkenmischung füllen und mit Küchengarn zunähen.

Die Gans mit dem Rücken nach oben in die Fettpfanne legen, 350 ml kochendes Wasser zugießen und den Braten in den vorgeheizten Ofen geben. Regelmäßig mit dem Bratensaft begießen. Nach 45 Min. das Fett abschöpfen und die Gans weitere 2-2 Std. 30 Min. braten. Dabei einmal wenden.

Für die Panade die Plätzchen hacken. Die Petersilie abbrausen, trocken tupfen, die Blättchen abzupfen und hacken. Beides in einer Schüssel zusammen mit Semmelbröseln, Parmesan, Ei und Milch mischen, dann mit Salz und Pfeffer würzen.

Ca. 10 Min. vor Ende der Garzeit die Fettpfanne mit der Gans aus dem Ofen nehmen und die Grillfunktion zuschalten. Die Panade auf die Brustseite der Gans streichen und etwas festdrücken. Dann die Gans in der Fettpfanne auf einer der oberen Schienen mit der Brust nach oben wieder in den Ofen geben und 10-15 Min. grillen, bis die Kruste goldbraun ist.

Tipp: Dazu passt zum Beispiel ein frischer Kräutersalat (siehe S. 69).

Rheinische Gans

mit Lebkuchensoße

Den Ofen auf 200 °C vorheizen. Die Gans innen und außen waschen, trocken tupfen und mit Salz, Pfeffer und Beifuß einreiben.

Die Zwiebeln schälen und würfeln. Die Äpfel schälen, vom Kerngehäuse befreien und würfeln, die Maronen würfeln, den Lebkuchen zerkrümeln. Alles in eine Schüssel geben, gut mischen, den Thymian zugeben. Die Gans mit dieser Mischung füllen und zunähen.

Die Gans in einen Bräter legen und 150 ml Wasser angießen. Im Ofen 1 Std. braten, dabei ab und zu mit dem Bratensaft übergießen. Anschließend die Temperatur auf 120 °C reduzieren und die Gans weitere 4 Std. braten, dabei einmal wenden und weiterhin regelmäßig mit dem Bratensaft übergießen.

Inzwischen für die Soße Sellerie, Möhren und Zwiebel schälen, den Lauch putzen und waschen. Alles Gemüse würfeln. In einem Topf die Hälfte der Butter erhitzen und die Gänseinnereien darin braten. Das Gemüse zugeben und 3 Min. dünsten. Das Ganze mit dem Geflügelfond oder Bratensaft ablöschen und 15 Min. köcheln lassen.

Die Maronen und den Lebkuchen fein hacken. In einer weiteren Pfanne die restliche Butter erhitzen und die Maronen- und Lebkuchenstücke darin rösten. Mit dem Bier ablöschen, dann den köchelnden Fond durch ein Sieb angießen und das Ganze über die restliche Bratzeit der Gans sehr stark reduzieren. Zum Schluss mit Thymian, Zucker, Salz und Pfeffer würzen.

Die Gans samt Füllung servieren, die Soße dazu reichen.

Tipp: Dazu passen Orangenrotkohl (siehe S. 75) und Kartoffelklöße (siehe S. 76).

Für den Braten

1 küchenfertige Gans (ca. 5 kg)
Salz
Pfeffer
2 EL getrockneter Beifuß
2 Zwiebeln
4 säuerliche Äpfel
500 g Maronen (vorgegart)
400 g Lebkuchen ohne Schokolade
2 EL gehackter frischer Thymian

Für die Soße

½ Knolle Sellerie
2 Möhren
1 Zwiebel
1 Stange Lauch
100 g Butter
1 Gänseleber
1 Gänseherz
1 Gänsehals
600 ml Geflügelfond oder entfetteter Bratensaft von der Gans
150 g vorgegarte Maronen
200 g Lebkuchen ohne Schokolade
1,5 l dunkles Bier
2 EL gehackter frischer Thymian
1 EL Zucker
Salz
Pfeffer

Außerdem

Küchengarn

Wir sagen euch an den lieben Advent

Wir sagen euch an den lieben Advent.
Sehet, die erste Kerze brennt!
Wir sagen euch an eine heilige Zeit,
machet dem Herrn die Wege bereit!
Freut euch, ihr Christen!
Freuet euch sehr!
Schon ist nahe der Herr.
Wir sagen euch an den lieben Advent.
Sehet, die zweite Kerze brennt!
So nehmet uns eins um das andere an,
wie auch der Herr an uns getan!
Freut euch, ...
Wir sagen euch an den lieben Advent.
Sehet, die dritte Kerze brennt!
Nun tragt eurer Güte leuchtenden Schein
weit in die dunkle Welt hinein!
Freut euch, ...
Wir sagen euch an den lieben Advent.
Sehet, die vierte Kerze brennt!
Gott selber wird kommen, er zögert nicht.
Auf, auf ihr Herzen, werdet Licht!
Freut euch, ...

Kling, Glöckchen

Kling, Glöckchen, klingelingeling,
kling, Glöckchen kling!
Lasst mich ein ihr Kinder,
ist so kalt der Winter,
öffnet mir die Türen,
lasst mich nicht erfrieren.
Kling, Glöckchen, klingelingeling,
kling, Glöckchen kling!

Kling, Glöckchen, klingelingeling,
kling, Glöckchen, kling!
Mädchen hört und Bübchen,
macht mir auf das Stübchen,
bring euch milde Gaben,
sollt euch dran erlaben.
Kling, Glöckchen, klingelingeling,
kling, Glöckchen, kling!

Kling, Glöckchen, klingelingeling,
kling, Glöckchen, kling!
Hell erglühn die Kerzen,
öffnet mir die Herzen,
will drin wohnen fröhlich,
frommes Kind, wie selig.
Kling, Glöckchen, klingelingeling,
kling, Glöckchen, kling!

Rinderfilet

mit Pfefferkruste und Süßkartoffelrösti

Für das Rinderfilet

600 g Rinderfilet
3 EL Olivenöl
2 EL rote Pfefferkörner
1 EL schwarze Pfefferkörner
1 TL grobes Meersalz

Für die Süßkartoffelrösti

500 g Süßkartoffeln
1 Knoblauchzehe
40 g Parmesan
2 EL Olivenöl plus
etwas zum Braten
1 Eigelb

Den Backofen auf 200 °C vorheizen. Das Fleisch mit dem Öl einreiben. Die Pfefferkörner und das Meersalz in einem Mörser grob zerstoßen und das Fleisch damit bestreuen.

Die Süßkartoffeln schälen und fein in eine Schüssel reiben. Mit der Hand die Flüssigkeit ausdrücken und abgießen. Den Knoblauch schälen und dazupressen. Den Parmesan reiben, zusammen mit dem Olivenöl und dem Eigelb zugeben und alles vermengen.

Die Filets in einer Pfanne von jeder Seite 2 Min. scharf anbraten. Dann im Ofen auf einem mit Backpapier ausgelegten Blech weitere 10–15 Min. garen.

In einer weiteren Pfanne reichlich Öl erhitzen. Die Kartoffelmasse portionsweise darin verteilen und flach drücken. Bei mittlerer Hitze von jeder Seite 10–12 Min. braten.

Die Rinderfilets mit den Rösti anrichten und servieren.

Tipp: Dazu passt junger Broccoli und frischer Kräutersalat (siehe S. 69).

Schweizer Käsefondue

Die Knoblauchzehe schälen und halbieren. Den Fonduetopf kräftig damit ausreiben. Den Käse in kleine Würfel schneiden und mit dem Wein in den Topf geben.

Unter Rühren erhitzen, bis der Käse sich vollständig aufgelöst hat. Die mit Kirschwasser angerührte Kartoffelstärke gut unterrühren. Alles noch einmal kurz aufkochen, mit Pfeffer und Muskat würzen und mit rosa Pfefferkörnern getoppt servieren.

Während des Essens das Fondue auf einem Rechaud mit regulierbarer Flamme weiter köcheln. Mit den aufgespießten Brotwürfeln immer dicht am Topfboden durch die Käsemasse rühren, damit sie sämig bleibt und nicht anbrennt.

Tipp: In der Schweiz verwendet man für das Käsefondue einen flachen Stieltopf aus glasierter Keramik oder schwerem Gusseisen, *Fonduepfanne* oder *Caquelon* genannt.

1 Knoblauchzehe
1 kg Schweizer Fonduekäse
350–400 ml trockener Weißwein
2–3 cl Kirschwasser
1 TL Kartoffelstärke
frisch gemahlener weißer Pfeffer
frisch geriebene Muskatnuss
Rosa Pfefferkörner

Außerdem

reichlich helles Bauernbrot oder Baguette in groben Würfeln
Fonduetopf
Rechaud

Köstliche
Nachspeisen

Otfried Preußler

Der Maronimann

Die kleine Hexe lenkte den Besen zum nächsten Dorf. Die Höfe waren tief eingeschneit. Der Kirchturm trug eine Pudelmütze von Schnee. Aus allen Schornsteinen stieg der Rauch auf. Die kleine Hexe hörte im Vorüberreiten, wie die Bauern und ihre Knechte in den Scheunen das Korn droschen: rum-pum-pum, rum-pum-pum.

Auf den Hügeln hinter dem Dorf wimmelte es von Kindern, die Schlitten fuhren. Auch Skifahrer waren darunter. Die kleine Hexe sah ihnen zu, wie sie um die Wette bergab sausten.

Kurze Zeit später kam auf der Straße ein Schneepflug gefahren. Dem folgte sie eine Weile nach; dann schloss sie sich einem Schwarm Krähen an, der zur Stadt flog.

Ich will in die Stadt hineingehen, dachte sie, um mich ein wenig warm zu laufen. Inzwischen war es ihr nämlich trotz der sieben Röcke und zwei Paar Fäustlingen jämmerlich kalt geworden.

Den Besen brauchte sie diesmal nicht zu verstecken, sie schulterte ihn. Nun sah sie aus wie ein ganz gewöhnliches altes Mütterchen, das zum Schneeräumen ging. Niemand, der ihr begegnete, dachte sich etwas dabei. Die Leute hatten es alle eilig und stapften mit eingezogenen Köpfen an ihr vorüber. Gar zu gern hätte die kleine Hexe wieder einmal einen Blick in die Schaufenster der Geschäfte geworfen. Aber die Scheiben waren ganz mit Eisblumen bedeckt. Der Stadtbrunnen war zugefroren und von den Wirtshausschildern hingen lange Eiszapfen. Auf dem Marktplatz stand eine schmale grün gestrichene Holzbude. Davor stand ein eisernes Öfchen; und hinter dem Öfchen stand, mit dem Rücken zur Bude, ein kleines, verhutzeltes Männlein. Das trug einen weiten Kutschermantel und Filzschuhe. Den Kragen hatte es hochgeklappt und die Mütze hatte es tief ins Gesicht gezogen. Von Zeit zu Zeit nieste das Männlein. Die Tropfen fielen dann stets auf die glühende Ofenplatte und zischten.

Das Männlein schnäuzte sich in die Finger. Dann langte es eine Handvoll Kastanien aus dem Bratrohr und tat sie in eine Tüte von braunem Packpapier. Die gab es der kleinen Hexe und sagte: „Da, nimm sie! Aber bevor du sie in den Mund steckst, musst du sie abschälen."

„Danke schön", sagte die kleine Hexe und kostete. „Hm, die sind gut!", rief sie überrascht; und dann meinte sie: „Weißt du, dich könnte man fast beneiden! Du hast eine leichte Arbeit und brauchst nicht zu frieren, weil du am warmen Ofen stehst."

„Sag das nicht!", widersprach das Männlein. „Wenn man den ganzen Tag in der Kälte steht, friert man trotzdem. Da hilft auch das eiserne Öfchen nichts. Daran verbrennt man sich höchstens die Finger, wenn man die heißen Maroni herausholt. - Haptschi! - Aber sonst? Meine Füße sind ein Paar Eiszapfen, sage ich dir! Und die Nase erst! Ist sie nicht rot wie eine Christbaumkerze? Den Schnupfen werde ich nicht mehr los. Es ist zum Verzweifeln!"
Wie zur Bekräftigung nieste das Männlein schon wieder. Es nieste so herzzerreißend, dass die Holzbude wackelte und der Markt davon widerhallte.
Da dachte die kleine Hexe: Dem können wir abhelfen! Wart mal ... Und sie murmelte einen Zauberspruch, aber heimlich.
Dann fragte sie: „Ist dir noch immer kalt an den Zehen?"
„Im Augenblick nicht mehr", sagte das Männlein. „Ich glaube, die Kälte hat etwas nachgelassen. Ich merke es an der Nasenspitze. Wie kommt das nur?"
„Frag mich nicht", sagte die kleine Hexe, „ich muss jetzt nach Hause reiten."
„Nach Hause - reiten?!"
„Habe ich etwas von Reiten gesagt? Du wirst dich verhört haben."
„Muss wohl so sein", überlegte das Männlein. „Auf Wiedersehen!"
„Auf Wiedersehen", sagte die kleine Hexe. „Und danke schön!"
„Bitte sehr, bitte sehr, keine Ursache!"
Bald danach kamen zwei Buben über den Marktplatz gelaufen, die riefen: „Schnell, schnell, Herr Maronimann! Jedem von uns für ein Zehnerl!"
„Jawohl, bitte schön, zweimal für ein Zehnerl!"
Der Maronimann griff in das Bratrohr. Aber zum ersten Mal in seinem ganzen langen Maronimannleben verbrannte er sich an den heißen Kastanien nicht die Finger. Er verbrannte sie sich überhaupt nie mehr. Und es fror ihn auch nie mehr an den Zehen. Und auch an der Nase nicht. Der Schnupfen war für alle Zeiten wie weggeblasen. Und wenn er doch einmal wieder niesen wollte, so musste der gute Maronimann eine Prise Schnupftabak nehmen.

Maroneneis

mit Vanille und Amarenakirschen

1 Vanilleschote
500 ml Milch
50 g Zucker
300 g vorgegarte Maronen
50 g Zartbitterschokolade plus mehr zum Garnieren
Amarenakirschen

Außerdem

Puderzucker

Die Vanilleschote längs aufschneiden, das Mark herauskratzen. Beides mit Milch und Zucker in einen kleinen Topf geben und kurz aufkochen. Die Maronen zufügen und bei mittlerer Hitze 20 Min. köcheln. Die Vanilleschote entfernen und die Maronen fein pürieren.

Die Zartbitterschokolade grob hacken und in der Maronenmasse schmelzen. Anschließend mit Frischhaltefolie abgedeckt mindestens 1 Std. kalt stellen.

Durch eine Kartoffelpresse in die Servierschüsseln drücken und mit Schokoladenspänen und Amarenakirschen servieren.

Warme Maple-Birnen

mit Mandel-Knusper und Joghurt

Den Backofen auf 200 °C vorheizen und eine Auflaufform mit Butter einfetten. Für die Maple-Birnen die Birnen schälen, längs halbieren und vom Kerngehäuse befreien.

In einer Schüssel den Ahornsirup und den Kardamom verrühren, die Birnenhälften darin wenden und mit der Schnittfläche nach oben in die Auflaufform legen. Die restliche Ahornsirup-Kardamom-Mischung über die Birnen träufeln und diese im Ofen 20 Min. backen. Wenn die Birnen weich und leicht gebräunt sind, aus dem Ofen nehmen, abdecken und warm halten.

Für den Mandel-Knusper die Kürbiskerne grob hacken und mit den Mandelblättchen in einer Pfanne ohne Fett bei mittlerer Hitze rösten. Achtung, sie verbrennen leicht! Den Ahornsirup und das Salz zugeben und kurz karamellisieren lassen. Die Mischung auf einem Bogen Backpapier ausbreiten, abkühlen lassen und in kleinere Stücke brechen.

Zum Servieren den Joghurt und die Birnen auf 4 kleine Teller verteilen, etwas Ahornsirup darüberträufeln und den Mandel-Knusper darauf verteilen.

Für die Birnen

4 reife Birnen
4 EL Ahornsirup
1 TL gemahlener Kardamom

Für den Mandel-Knusper

70 g Kürbiskerne
150 g Mandelblättchen
2 EL Ahornsirup plus mehr zum Beträufeln
1 Prise Salz

Außerdem

Butter für die Form
300 g griechischer Joghurt

Honig-Parfait

mit Rotwein-Zwetschgen

Für das Parfait

90 g Blütenhonig
4 Eier
1 Prise Salz
300 ml Sahne
1 TL Orangenlikör

Für die Rotwein-Zwetschgen

500 g Zwetschgen
2 EL Honig
1 Zimtstange
100 ml trockener Rotwein

Für das Parfait in einem Topf den Honig bei mittlerer Hitze erwärmen, kurz aufkochen, dann beiseitestellen.

Die Eier trennen. Die Eigelbe in einer Schüssel mit dem Salz ca. 10 Min. aufschlagen, bis eine feste Masse entstanden ist. Unter Rühren den Honig zugeben.

In einer separaten Schüssel die Sahne steif schlagen, dann den Likör und die Eigelbmasse unterheben. Eine Kastenform mit Öl einfetten, die Masse einfüllen, mit Frischhaltefolie abdecken und 24 Std. im Gefrierschrank kalt stellen.

Für die Rotwein-Zwetschgen die Zwetschgen entsteinen und halbieren. In einem Topf mit den restlichen Zutaten ca. 10 Min. einkochen lassen. Die Zimtstange entfernen und die Zwetschgen auf 4 Dessertteller verteilen.

Die Zwetschgen auf dem Parfait platzieren und nach Belieben mit Honig garnieren. Zum Servieren in Scheiben schneiden.

Weiße Schokoladencreme

mit Himbeeren

In einer kleinen Edelstahlschüssel die Schokolade über dem Wasserbad langsam schmelzen, vom Herd nehmen und etwas abkühlen lassen.

Die Vanilleschote längs aufschneiden und das Mark auskratzen. Mascarpone, Vanillemark und Joghurt unter die geschmolzene Schokolade rühren. Die Creme in 4 Gläser füllen, mit Frischhaltefolie abdecken und kalt stellen.

Für die Himbeersoße die Himbeeren etwas antauen lassen, eine Handvoll beiseitestellen und den Rest mit Puderzucker, Zitronenabrieb und -saft pürieren und durch ein feines Sieb in eine Schüssel streichen. Die restlichen Himbeeren als ganze unterrühren. Das Himbeerpüree auf die Creme geben, mit den Pistazien bestreuen und servieren.

Für die Creme

200 g weiße Schokolade
½ Vanilleschote
250 g Mascarpone
100 g Joghurt

Für die Soße

300 g Himbeeren (TK)
Saft und Abrieb von ½ Bio-Zitrone
2 EL Puderzucker

Außerdem

Eine Handvoll grüne Pistazienkerne

Maurice Reinhold von Stern

Winterandacht

Da glänzt in die schneeige Winternacht
der Mond, verklärend und kalt;
es glitzert in funkelnder Silberpracht
der Reif an den Bäumen im Wald.
O Welt, wie bist du so schön!

Es spiegelt sich zitternd der Zauberschein
im blankgefrorenen See;
es blinken die ewigen Steinelein,
die fernen, in lockender Näh.
O Welt, wie bist du so schön!

Es gleitet des Mondes Schattenstreif
dahin über Dorf und Wald
und lieblich erklingend durch Schnee und Reif
ein silbernes Glöckchen erschallt:
O Welt, wie bist du so schön!

Emily und Fritz Koegel

Der Bratapfel

Kinder, kommt und ratet,
was im Ofen bratet!
Hört, wie's knallt und zischt!
Bald wird er aufgetischt,
der Zipfel, der Zapfel,
der Kipfel, der Kapfel,
der gelbrote Apfel.

Kinder, lauft schneller;
holt einen Teller;
holt eine Gabel!
Sperrt auf den Schnabel
für den Zipfel, den Zapfel,
den Kipfel, den Kapfel,
den goldbraunen Apfel.

Sie pusten und prusten,
sie gucken und schlucken,
sie schnalzen und schmecken,
sie lecken und schlecken
den Zipfel, den Zapfel,
den Kipfel, den Kapfel,
den knusprigen Apfel.

Panna cotta

mit Karamellsoße

1 Vanilleschote
100 ml Milch
200 ml Sahne
80 g Zucker
3 Blatt Gelatine

Außerdem

4 kleine Pastetenförmchen

Die Förmchen mit Wasser ausspülen. Die Vanilleschote längs aufschneiden und das Mark herauskratzen. Die Schote beiseitelegen.

In einem Topf die Milch mit Sahne, Vanillemark, Vanilleschote und 30 g Zucker bei geringer Hitze 15 Min. köcheln. Dann den Topf vom Herd nehmen.

In einem kleinen Topf den restlichen Zucker bei mittlerer Hitze karamellisieren lassen. Wenn die Masse goldgelb ist, mit 2 EL Wasser ablöschen und gründlich rühren, bis sich die Masse vom Topfrand gelöst hat. Die Karamellmasse zu gleichen Teilen auf die Förmchen verteilen.

Die Gelatineblätter in kaltem Wasser einweichen. Nach ca. 5 Min. ausdrücken. Aus der Sahnemischung die Vanilleschote entfernen. Dann die Gelatine darin auflösen. Diese Vanillemasse ebenfalls gleichmäßig auf die Förmchen verteilen.

Zunächst auf Zimmertemperatur abkühlen lassen, dann im Kühlschrank mindestens 3 Std., am besten aber über Nacht, fest werden lassen.

Zum Servieren die Förmchen kurz in heißes Wasser stellen, damit sich die Panna cotta vom Rand löst. Notfalls mit einem scharfen Messer nachhelfen. Anschließend auf Dessertteller stürzen und servieren.

Tipp: Dazu passen frische Erdbeeren und Minzblättchen.

Mousse au Chocolat

Die Schokolade grob hacken und mit der Milch in einen Topf geben. Alles langsam erhitzen und die Schokolade zum Schmelzen bringen. Butter, Zucker, Zimt und Espresso zugeben und mit erhitzen. Den Topf vom Herd nehmen, nach Belieben Orangenlikör zufügen und alles auf Zimmertemperatur abkühlen lassen.

In einer Schüssel die Sahne steif schlagen und unter die Mousse ziehen, bei Bedarf nachsüßen.

Die Mousse in 4 Dessertgläser oder eine Schüssel geben, mit Frischhaltefolie abdecken und mindestens 4 Std. kalt stellen. Beim Servieren sollte sie schön fest sein.

Die Zartbitterschokolade grob hacken, die Lebkuchen zerbröseln und die Mousse nach Belieben mit Schokolade, Lebkuchen und Zimt garnieren.

200 g Zartbitterschokolade (mindestens 70 % Kakaoanteil)
90 ml Milch
20 g Butter
50 g feiner Zucker
½ TL gemahlener Zimt
2 EL kalter Espresso
Orangenlikör nach Belieben
250 ml Sahne

Außerdem

Zartbitterschokolade zum Garnieren
3 Lebkuchen
gemahlener Zimt

Plätzchenpudding

Für 6 Personen

1 Pck. Vanille-Puddingpulver
500 ml Milch
40 g Zucker
200 ml Sahne
300 g Spekulatius
50 g gemahlene Haselnusskerne
3 EL Amaretto
4 EL Erdbeerkonfitüre

Außerdem

Eine Handvoll Spekulatius zum Garnieren
etwas Minze
4 frische Feigen

In einer Tasse das Puddingpulver mit 5 EL Milch und dem Zucker glatt rühren. Die restliche Milch in einem Topf aufkochen. Das Puddingpulver unter ständigem Rühren zufügen, kurz aufkochen und den Topf vom Herd nehmen. Den Pudding mit Frischhaltefolie bedeckt vollständig abkühlen lassen.

In einer Schüssel die Sahne steif schlagen und unter den Pudding heben. Die Spekulatius in eine große Schüssel geben und grob zerkleinern. Die Haselnüsse darüber verteilen und mit Amaretto und Konfitüre beträufeln.

Den Pudding ebenfalls in die Schüssel geben. Den Plätzchenpudding mindestens 6 Std., besser aber über Nacht, durchziehen lassen.

Mit zerbröseltem Spekulatius, geschnittener Minze und Feigen servieren.

Zitronensorbet

In einem Topf den Zucker mit 200 ml Wasser erhitzen, dabei ständig rühren, bis der Zucker sich aufgelöst hat und ca. 1 Min. kochen. Dann vom Herd nehmen.

In einer Schüssel den Zitronensaft mit dem Orangensaft mischen. In einer weiteren Schüssel das Eiweiß sehr steif schlagen, unter den Saft heben und den abgekühlten Sirup und den Zitronenabrieb unterziehen. Die Masse mit Frischhaltefolie abdecken und mindestens 20 Min. kalt stellen.

Dann mit dem Mixer gut durchrühren, in die Eismaschine geben und 30–45 Min. rühren lassen. In der Zwischenzeit die Bio-Zitrone waschen und in feine Scheiben schneiden. In einer kleinen Pfanne den Kristallzucker mit 50 ml Wasser aufkochen und die Zitronenscheiben darin bei schwacher Hitze 2 Min. köcheln lassen. Vom Herd nehmen und auskühlen lassen.

In jeden Eisbecher zwei Zitronenscheiben legen, das Sorbet hinzugeben und mit Minzblättchen garnieren. Rasch servieren, da das Sorbet sehr schnell wieder flüssig wird.

Für ca. 800 ml Eis

200 g feiner Zucker plus 50 g extra
Saft von 7 Zitronen
Saft von ½ Orange
1 Eiweiß
Abrieb von 1 Bio-Zitrone

Außerdem

Eismaschine
1 Bio-Zitrone
Minzblättchen zum Garnieren

Orangen-Mascarpone-Creme

mit Mandelstiften

Für 2 Personen

1 Orange
1 Vanilleschote
150 g Mascarpone
50 g Speisequark
2 EL Zucker
3 EL Sahne
1 EL Butter
50 g Mandelstifte
3 TL Zimtzucker

Außerdem

Minzblättchen und Zimt zum Garnieren

Die Orange schälen und filetieren, auf zwei Glasschälchen verteilen. Die Vanilleschote längs aufschneiden und das Mark auskratzen. In einer Schüssel den Mascarpone und den Quark mit Vanillemark, Zucker und Sahne verrühren. Die Mischung auf den Orangenfilets verteilen.

In einer Pfanne die Butter zerlassen und die Mandelstifte zugeben. Den Zimtzucker darüberstreuen und die Mandeln goldgelb rösten. Abkühlen lassen und die Mascarpone-Creme mit Mandeln, Minzblättchen und Zimt garnieren.

E.T.A. Hoffmann

Der Nussknacker (Auszug)

Der Nussknacker führte Marie zu dem Kleiderschrank in der Diele. Die Tür stand offen und Marie konnte Papas Mantel sehen. Flink kletterte der Nussknacker in den Schrank. Augenblicklich ließ sich eine zierliche Treppe durch den Ärmel herab.

„Geh du voran", sagte der Nussknacker. Als Marie oben am Mantelkragen angekommen war, befand sie sich mit einem Mal auf einer herrlich duftenden Wiese, von der Millionen Funken wie blinkende Edelsteine heraufstrahlten. „Wir sind auf der Kandiswiese", sagte der Nussknacker. „Dort entlang!" Da bemerkte Marie vor sich ein schönes Tor wie aus feinstem Marmor. Als sie näher kamen, sah sie, dass es aus Zuckermandeln und Rosinen bestand.

Marie und der Nussknacker gingen durch das Tor und bald darauf umwehten sie die süßesten Gerüche, die aus einem kleinen Wald strömten. Goldene und silberne Früchte hingen an bunt gefärbten Stängeln und tauchten den Wald in ein geheimnisvolles Licht.

„Wir sind im Weihnachtswald", erklärte der Nussknacker und klatschte mehrmals in die Hände. Sogleich kamen kleine Schäfer und Schäferinnen, Jäger und Jägerinnen, die einen lustigen Tanz vorführten.

Dann folgten die beiden einem süß rauschenden, flüsternden Bach, dem Orangenbach. Dahinter lag der Mandelmilchsee und gleich danach kamen sie an den Limonadenstrom, von dem eine wohltuende Frische ausging. Nicht weit davon wälzte sich ein dunkelgelbes Wasser durch sein Flussbett, aus dem herrlich süße Düfte stiegen.

In einiger Entfernung lag ein kleines Dorf. Häuser, Kirche, Pfarrhaus, Scheunen, alles war dunkelbraun, mit Zitronat und Mandelkernen verziert und mit goldenen Dächern geschmückt. „Das ist Pfefferkuchenheim", sagte der Nussknacker. „Die Leute hier sind meistens mürrisch, weil sie unter Zahnschmerzen leiden."

Dahinter lag ein Städtchen, das aus lauter bunten, durchsichtigen Häusern bestand. „Das ist Bonbonhausen", sagte der Nussknacker. „Aber wir wollen nicht alle Dörfer und Städte des Landes besuchen. Komm weiter, zur Hauptstadt!"

Der Nussknacker eilte mit großen Schritten voran. Es dauerte nicht lange, da standen sie vor einem rosenrot glänzenden Wasser, auf dem rosasilberne Wellen plätscherten und aus dem ein herrlicher Rosenduft aufstieg. „Das ist der See, den mir Onkel Drosselmeier machen wollte", rief Marie begeistert. Der Nussknacker lächelte spöttisch und sagte: „So etwas kann dein Onkel niemals zustande bringen, du selbst viel eher."

Dann klatschte der Nussknacker in die Hände und ein Muschelwagen kam ans Ufer, der von zwei goldschuppigen Delfinen gezogen wurde. Zwölf Diener sprangen heraus und trugen Marie und den

Nussknacker an Bord. Verträumt blickte Marie in die Wellen, aus denen ihr ein hübsches Mädchengesicht zulächelte. „Sieh nur!", rief sie überrascht. „Da unten ist die Prinzessin Pirlipat!" Der Nussknacker seufzte und sagte: „Das ist nicht die Prinzessin Pirlipat, das bist du und immer nur du selbst, immer nur dein eigenes Gesicht, das da aus jeder Rosenwelle lächelt." Da fuhr Marie erschrocken zurück und schämte sich sehr.
Kurz darauf wurden sie von Dienern an Land getragen. „Dort ist die Hauptstadt", sagte der Nussknacker und nahm Marie bei der Hand.
Was erblickte Marie nun! Die Schönheit und Herrlichkeit der Hauptstadt war kaum zu beschreiben! Mauern und Türme prangten in den schönsten Farben. Die Dächer waren zierlich geflochtene Kronen und zarte bunte Blätter bekränzten die Türme. Silberne Soldaten präsentierten vor dem Nussknacker und Marie das Gewehr und ein elegant gekleideter Mann rief: „Willkommen in Konfektburg!"
Kaum waren sie einige Schritte gegangen, als sie auf einen großen Marktplatz kamen. Alle Häuser rundherum waren aus purem Zucker. In der Mitte stand eine hohe Säule aus bunten Süßigkeiten und um sie herum spritzten Fontänen Limonade in einen Brunnen. Aber hübscher als all das waren die kleinen Leute, die zu Tausenden Kopf an Kopf durcheinanderdrängten und lachten und sangen. Voller Begeisterung beobachtete Marie das lustige Treiben um sich herum, während sie sich mit dem Nussknacker durch die Menschenmenge zwängte. Plötzlich standen sie vor einem in rosenrotem Schimmer hell erleuchteten Schloss mit hundert Türmen, die bis weit in den Himmel ragten. Die große Kuppel des prächtigen mittleren Gebäudes und die pyramidenförmigen Dächer der Türme waren mit tausend Verzierungen besät, die in allen Farben leuchteten.
„Dies ist das Marzipanschloss", sagte der Nussknacker nicht ohne Stolz. Die Tore des Schlosses öffneten sich und zwölf kleine Pagen mit angezündeten Gewürznelkenstängeln traten heraus. Den Pagen folgten vier Damen, fast so groß wie Maries Puppe Clara, die so wunderschön gekleidet waren, dass es nur Prinzessinnen sein konnten. Der Nussknacker ergriff Maries Hand und stellte sie seinen Schwestern vor: „Dies ist Marie Stahlbaum, meine Lebensretterin!"
Die Prinzessinnen geleiteten Marie und den Nussknacker durch einen Saal, dessen Wände über und über aus farbig funkelnden Kristallen bestanden, bis ins Esszimmer. Sie holten eine Menge kleiner Töpfe und Schüsseln, Löffel, Messer und andere Küchengeräte aus Gold und Silber herbei. Dann trugen sie die schönsten Früchte und Kuchen herein, die Marie je gesehen hatte.
Der Nussknacker erzählte von der grauenvollen Schlacht zwischen seinem Heer und dem des Mausekönigs. Marie hörte die Stimme des Nussknackers wie aus der Ferne, ein leises Singen und Summen schwirrte durch die Luft und ihr war, als stiegen dünne Nebelwolken auf, in denen die Prinzessinnen, der Nussknacker und sie selbst schwammen. Sie stieg immer höher und höher, höher und höher ...
Prr - puff ging es, und Marie fiel aus unermesslicher Höhe hinab. Sie schlug die Augen auf und fand sich in ihrem Bett wieder. Es war heller Tag und die Mama stand vor ihr. „Wie kann man nur so lange schlafen!", sagte sie lächelnd.
„Du kannst dir nicht vorstellen, was der Nussknacker mir heute Nacht alles gezeigt hat!", rief Marie und begann zu erzählen. Mama sah Marie verwundert an. Dann sagte sie ruhig: „Du hast einen langen, sehr schönen Traum gehabt, mein Kind." Marie bestand aber hartnäckig darauf, nicht geträumt, sondern alles wirklich gesehen zu haben.

Amaretto-Dessert

1 Glas Sauerkirschen
(Abtropfgewicht ca. 350 g)
80 g Amarettini
1 Pck. Vanille-Puddingpulver
80 g Puderzucker
200 ml Sahne
250 g Mascarpone
60 ml Amaretto

In einem Topf die Kirschen erhitzen, 4 EL Kirschsaft beiseitestellen. Die Amarettini grob zerbröseln. Das Puddingpulver mit den 4 EL Kirschsaft glatt rühren. Die Kirschen aufkochen, das Puddingpulver einrühren, 20 g Puderzucker zugeben und alles leicht einkochen. Den Topf vom Herd nehmen und die Kirschmasse abkühlen lassen.

Die Hälfte der Masse auf 4 Dessertgläser verteilen. In einer Schüssel die Sahne steif schlagen, den Mascarpone und den restlichen Puderzucker unterziehen und den Amaretto einrühren. Diese Creme auf die Dessertgläser verteilen, die Amarettini-Brösel und ganze Amarettini darüberstreuen und leicht andrücken. Die restliche Kirschmischung darübergeben.

Die Gläser mit Frischhaltefolie abdecken und vor dem Servieren mindestens 20 Min. kalt stellen.

Westfälische Herrencreme

30 g Vanille-Puddingpulver
50 g Zucker
500 ml Milch
250 ml Sahne
1 EL Kirschwasser
150 g Schokoladenraspel
1 Handvoll frische Blaubeeren

In einer kleinen Schüssel das Puddingpulver mit 40 g Zucker mischen und 3 EL der Milch damit verrühren. In einem Topf die restliche Milch erhitzen. Von der Herdplatte nehmen und das Puddingpulver einrühren. Den Topf wieder auf den Herd stellen und den Pudding kurz aufkochen. Unter Rühren abkühlen lassen (so bildet sich keine Haut).

In einer weiteren Schüssel den restlichen Zucker zu der Sahne geben und die Sahne steif schlagen. Wenn der Pudding ausgekühlt ist, das Kirschwasser und 100 g der Schokolade unterrühren. Die Sahne ebenfalls unter den Pudding ziehen.

In eine Glasschüssel füllen und mit den restlichen Schokoraspeln und Blaubeeren garnieren.

Weißes Schoko-Kokos-Parfait

mit roter Grütze

Für das Parfait

20 g Kokosraspel
150 g weiße Schokolade
125 ml Sahne
1 Vanilleschote
50 ml Kokosmilch
Saft und Abrieb von
½ Bio-Limette
1 Prise Salz

Für die rote Grütze

1 TL Maisstärke
2 EL Orangensaft
100 ml Rotwein
20 g Kristallzucker
1 Zimtstange
2 Nelken
250 g gemischte Beeren (TK)

Außerdem

1 Form
(500 ml Fassungsvermögen)

In einer Pfanne ohne Fett die Kokosraspel leicht rösten, herausnehmen und abkühlen lassen. Die Schokolade grob hacken, in einer Edelstahlschüssel über dem heißen Wasserbad schmelzen und etwas abkühlen lassen. In einer weiteren Schüssel die Sahne steif schlagen und behutsam unter die Schokolade heben.

Die Vanilleschote längs aufschneiden, das Mark herauskratzen und zur Schokosahne geben. Kokosmilch, Limettenabrieb und -saft sowie Salz zufügen und alles miteinander vermengen.

Zum Schluss die Hälfte der Kokosraspel unterheben. Die Form mit Frischhaltefolie auslegen.

Die Masse einfüllen und über Nacht ins Gefrierfach stellen.

Für die rote Grütze die Maisstärke mit dem Orangensaft verrühren. Den Rotwein mit Kristallzucker, Zimtstange und Nelken aufkochen, 1 Min. einkochen lassen, dann mit der Maisstärkenmischung abbinden.

Die gefrorenen Beeren sofort zu der heißen Rotweinmischung geben, unterrühren und beiseitestellen.

Am nächsten Tag das Parfait auf eine Platte stürzen. Mit den restlichen Kokosraspeln garnieren und mit der roten Grütze servieren.

Germknödel

mit Mohnbutter

Für die Knödel die Hefe in eine Schüssel bröckeln. Mit 50 ml lauwarmer Milch und 1 TL Vanillezucker verrühren. Den Vorteig zugedeckt 15 Min. gehen lassen. Mit den Knethaken des Handrührgeräts die restliche Milch, den übrigen Zucker, das Mehl, das Eigelb und den Hefeansatz vermengen, zum Schluss Butter und Salz unterarbeiten. Den Teig leicht mit Mehl bestäuben, mit einem sauberen Küchentuch abdecken und 45 Min. gehen lassen, bis sich das Volumen verdoppelt hat.

Den Teig auf einer bemehlten Arbeitsfläche erneut gut durchkneten und in 4 Portionen teilen. Zu 1,5 cm dicken Fladen flach drücken. Je 1 EL Pflaumenmus in die Mitte geben, Teig von allen Seiten darüberschlagen und vorsichtig zu einem Knödel formen. Mit der zugeklappten Seite nach unten auf ein mit Backpapier ausgelegtes Backblech setzen, ein Küchentuch darüberlegen und weitere 20 Min. gehen lassen.

Einen weiten Topf 2–3 cm hoch mit Wasser füllen und dieses zum Kochen bringen. Einen Dämpfeinsatz mit einem Geschirrtuch auslegen und auf den Topf setzen. Die Knödel mit ausreichend Abstand in den Einsatz legen und zugedeckt bei mittlerer Hitze ca. 15 Min. garen. Vom Herd nehmen und 2 Min. ziehen lassen.

In der Zwischenzeit in einem Topf die Butter zerlassen, bis sie leicht gebräunt ist, dann den Mohn und den Puderzucker untermischen. Die Knödel aus dem Topf nehmen, auf Teller verteilen und die Mohnbutter darübergießen.

Für die Germknödel

½ Würfel frische Hefe
125 ml Milch
40 g Vanillezucker
250 g Mehl plus
etwas zum Bearbeiten
1 Eigelb
50 g zimmerwarme Butter
1 Prise Salz
4 EL Pflaumenmus

Für die Mohnbutter

40 g Butter
1 EL Mohn
1 EL Puderzucker

Außerdem

Handrührgerät
Geschirrtuch

Tipp: Wer mag, kann noch warme Vanillesoße dazu servieren.

Joseph von Eichendorff

Weihnachten

Markt und Straßen stehn verlassen,
still erleuchtet jedes Haus,
sinnend geh ich durch die Gassen,
alles sieht so festlich aus.

An den Fenstern haben Frauen
buntes Spielzeug fromm geschmückt,
tausend Kindlein stehn und schauen,
sind so wunderstill beglückt.

Und ich wandre aus den Mauern
bis hinaus ins freie Feld,
hehres Glänzen, heil'ges Schauern!
Wie so weit und still die Welt!

Sterne hoch die Kreise schlingen,
aus des Schnees Einsamkeit
steigt's wie wunderbares Singen –
o du gnadenreiche Zeit!

Wilhelm Lobsien

Winternacht

Dämmerstille Nebelfelder,
schneedurchglänzte Einsamkeit
und ein wunderbarer, weicher
Weihnachtsfriede weit und breit.

Nur mitunter, windverloren,
zieht ein Rauschen durch die Welt
und ein leises Glockenklingen
wandert übers stille Feld.

Und dich grüßen alle Wunder,
die am lauten Tag geruht,
und dein Herz singt Kinderlieder
und dein Sinn wird fromm und gut.

Und dein Blick ist voller Leuchten,
längst Entschlafnes ist erwacht ...
Und so gehst du durch die stille,
wunderweiche Winternacht.

Süße Weihnachtsbäckerei

Vanillekipferl

Für den Teig

200 g zimmerwarme Butter
250 g Mehl
100 g gemahlene Mandeln
70 g Zucker
1 Prise Salz

Zum Wälzen

100 g Puderzucker
90 g Zucker
1 Pck. Vanillezucker

Die Butter in Stückchen schneiden und in einer großen Schüssel mit den restlichen Zutaten zu einem glatten Teig verkneten. Zu einer 5 cm dicken Rolle formen, in Frischhaltefolie wickeln und für 2 Std. kalt stellen.

Den Backofen auf 180 °C vorheizen, 2 Backbleche mit Backpapier auslegen. Die Teigrolle in fingerdicke Scheiben schneiden, diese zu Kipferln formen, auf die Backbleche legen und ca. 12 Min. hell backen.

Währenddessen auf einem flachen Teller Puderzucker, Zucker und Vanillezucker vermischen. Die noch heißen Kipferl mithilfe von zwei Gabeln in der Zuckermischung wälzen (Vorsicht, warm sind sie sehr zerbrechlich!).

Zimtsterne

2 Backbleche mit Backpapier auslegen. In einer großen Schüssel die Eiweiße steif schlagen. Dann langsam den Puderzucker einrieseln lassen. Von dieser Mischung knapp 100 g beiseitestellen.

300 g Mandeln unter den restlichen Eischnee ziehen und den Zimt zufügen. Die Eiweiß-Mandel-Mischung sollte sich ausrollen lassen. Wenn der Teig zu sehr klebt, noch etwas Mandeln einarbeiten.

Die restlichen gemahlenen Mandeln auf eine Arbeitsfläche streuen. Den Teig darauf 1 cm dick ausrollen. Dann Sterne ausstechen und vorsichtig auf das Backpapier legen. Mit dem restlichen Eischnee bestreichen und über Nacht trocknen lassen.

Am nächsten Tag den Ofen auf 180 °C vorheizen und die Sterne ca. 8 Min. backen.

3 Eiweiß
250 g Puderzucker
400 g gemahlene Mandeln
2 TL gemahlener Zimt

Butterplätzchen

250 g Mehl plus
etwas für die Arbeitsfläche
100 g Puderzucker
1 Pck. Vanillezucker
1 Prise Salz
125 g zimmerwarme Butter
1 Eigelb
Abrieb von ½ Bio-Zitrone

Das Mehl und den Puderzucker in eine große Schüssel sieben, Vanillezucker und Salz einstreuen. Die Butter in Stückchen zugeben, zuletzt das Eigelb und die Zitronenschale. Gründlich kneten, bis keine Klümpchen mehr zu sehen sind. Den Teig in Frischhaltefolie wickeln und 30 Min. kalt stellen.

Den Ofen auf 180 °C vorheizen, 2 Backbleche mit Backpapier auslegen. Den Teig auf der mit Mehl bestäubten Arbeitsfläche 3 mm dick ausrollen und mit Förmchen nach Belieben ausstechen. Die Kekse mit bemehlten Fingern vorsichtig auf die Bleche legen und ca. 10 Min. goldgelb backen.

Tipp: Wer es würziger mag, kann den Vanillezucker durch 1 EL Licor 43 ersetzen.

Mandel-Spritzgebäck

In einer großen Schüssel Butter, Puderzucker, Vanillezucker, Salz, Ei und Eigelb schaumig schlagen. Das Mehl und das Backpulver unterrühren, dann die Mandeln einarbeiten. Den Teig zu einer Kugel formen, in Frischhaltefolie wickeln und für 30 Min. kalt stellen.

Den Backofen auf 180 °C vorheizen. Ein Backblech mit Backpapier auslegen. Den Teig in einen Spritzbeutel mit Sterntülle füllen und damit Kringel und Rosetten auf das Backblech setzen. Im Ofen ca. 15 Min. goldgelb backen.

125 g zimmerwarme Butter
120 g Puderzucker
1 Pck. Vanillezucker
1 Prise Salz
1 Ei
1 Eigelb
250 g Mehl
1 TL Backpulver
100 g gemahlene Mandeln

Außerdem

Spritzbeutel mit Sterntülle

Kokosmakronen

2 Eiweiß
1 Prise Salz
75 g Rohrohrzucker
75 g feinster Zucker
170 g Kokosraspel

In einer Schüssel die Eiweiße mit dem Salz leicht aufschlagen. Den Rohrohrzucker zugeben und den Eischnee steif schlagen. Den weißen Zucker einrieseln lassen und 2 Min. weiterschlagen. 150 g Kokosraspel vorsichtig unterheben.

Den Ofen auf 150 °C vorheizen und zwei Backbleche mit Backpapier auslegen. Die Eischneemasse mithilfe von zwei Teelöffeln als Häufchen auf die Bleche setzen. Die Makronen mit den restlichen Kokosraspeln bestreuen. Die Bleche nacheinander für ca. 14 Min. in den Ofen geben und die Makronen hell backen. Abkühlen lassen.

Tipp: Wer mag, setzt die Eischnee-Kokos-Masse nicht direkt aufs Blech, sondern verwendet Oblaten.

Haselnusstaler

In einer Schüssel die Butter schaumig schlagen, dabei nach und nach den Honig zufügen. Das Ei ebenfalls zugeben und 1 Min. unterrühren. Dann Tee, Kakao, Zimt, Vanillezucker, Salz und gemahlene Nüsse untermengen. Das Mehl und das Backpulver sieben und vorsichtig unterheben.

Alles auf der leicht bemehlten Arbeitsfläche zu einem glatten Teig verkneten und diesen zu Rollen formen (Ø 3–4 cm). Die Teigrollen in Frischhaltefolie wickeln und über Nacht kalt stellen.

Am nächsten Tag den Backofen auf 180 °C vorheizen und ein Backblech mit Backpapier auslegen. Die gehackten Haselnüsse auf einen flachen Teller geben. Das Eiweiß verquirlen und die Teigrollen damit auf allen Seiten bestreichen. Diese dann in den Nüssen wenden, bis sie rundum bedeckt sind. Die Teigrollen in 3 mm dünne Scheiben schneiden und nebeneinander auf das Blech legen.

Die Haselnusstaler in den Ofen geben und 15 Min. hellbraun backen. Anschließend mit dem Backpapier vom Blech auf ein Kuchengitter ziehen und abkühlen lassen.

80 g zimmerwarme Butter
200 g flüssiger Honig
1 Ei
4 EL starker schwarzer Tee
½ TL Kakaopulver
1 TL gemahlener Zimt
½ TL Vanillezucker
1 Prise Salz
80 g gemahlene Haselnusskerne
200 g Vollkornmehl plus etwas für die Arbeitsfläche
1 TL Backpulver

Außerdem

60 g gehackte Haselnusskerne
1 Eiweiß

Pfeffernüsse

2 Eier
250 g Zucker
30 g Zitronat
½ TL gemahlener Zimt
½ TL gemahlenes Piment
1 Prise gemahlener Kardamom
1 Prise gemahlener Anis
1 Prise frisch gemahlener weißer Pfeffer
250 g Mehl
1 TL Backpulver

In einer Schüssel die Eier und den Zucker schaumig schlagen. Das Zitronat fein hacken. Mit Zimt, Piment, Kardamom, Anis, Pfeffer, Mehl und Backpulver mischen und mit der Ei-Zucker-Masse zügig zu einem glatten Teig verkneten. Diesen in Frischhaltefolie wickeln und für 30 Min. kalt stellen. Dann 2 Backbleche mit Backpapier auslegen, aus dem Teig walnussgroße Kugeln formen und auf die Bleche setzen. Über Nacht trocknen lassen.

Am nächsten Tag den Ofen auf 180 °C vorheizen und die Bleche nacheinander ca. 18 Min. in den Ofen geben. Anschließend die Pfeffernüsse mit dem Backpapier vom Blech ziehen und abkühlen lassen.

Tipp: Die Pfeffernüsse nach Belieben mit weißem Zuckerguss überziehen. Dafür 250 g Puderzucker, 1 Eiweiß und 3 Tropfen Zitronensaft glatt rühren und die Pfeffernüsse damit bestreichen.

Dominosteine

Für den Teig

500 g Mehl
1 Pck. Backpulver
½ TL gemahlener Zimt
1 Msp. gemahlene Nelken
200 g Honig
100 g brauner Zucker
50 g Butter
1 Ei

Für die Füllung

200 g Johannisbeergelee
200 g Marzipanrohmasse
1 EL Rum

Außerdem

Fett fürs Blech
300 g Zartbitterkuvertüre
50 g weiße Kuvertüre

Den Ofen auf 200 °C vorheizen und ein Backblech fetten. Für den Teig in einer Schüssel Mehl, Backpulver, Zimt und Nelken mischen. In einem Topf den Honig zusammen mit dem Zucker und der Butter verrühren und erwärmen. Kurz abkühlen lassen, dann die Mischung mit dem Ei zum Mehl geben und alles zu einem lockeren Teig verkneten.

Den Teig auf dem Blech 1 cm dick ausrollen. Dann 15 Min. im Ofen backen und die Kuchenplatte anschließend noch heiß in zwei gleich große Stücke schneiden.

Für die Füllung das Gelee erwärmen und glatt rühren. Die Hälfte davon auf einer der Kuchenplatten dünn verstreichen. Das Marzipan fein hacken und mit Rum verkneten, anschließend zwischen zwei Backpapieren in Kuchenplattengröße ausrollen. Das Backpapier entfernen, die Marzipanplatte auf die Geleeschicht legen und mit dem restlichen Gelee bestreichen. Die zweite Kuchenplatte vorsichtig obenauf legen und alles in Würfel schneiden.

Die Zartbitterkuvertüre in einer kleinen Edelstahlschüssel über einem Wasserbad schmelzen lassen und die Dominosteine damit gleichmäßig überziehen. Die weiße Kuvertüre fein hacken, über einem Wasserbad schmelzen lassen und mit einem kleinen Löffel über die dunkle Glasur ein paar Fäden ziehen. Abkühlen lassen.

Schwarz-Weiß-Gebäck

290 g Mehl plus etwas für die Arbeitsfläche
125 g Puderzucker
1 TL Backpulver
1 Prise Salz
150 g kalte Butter
1 Eigelb
3 TL Kakaopulver

Außerdem

Milch zum Einpinseln

Mehl, Puderzucker, Backpulver und Salz auf der Arbeitsfläche mischen. Die Butter in Stücken zugeben und mit der Mehlmischung krümelig reiben. Das Eigelb zufügen und alles zu einem glatten Teig verarbeiten. Den Teig in zwei gleich große Hälften teilen und eine davon mit dem Kakao verkneten. Beide Teighälften zu Kugeln formen, in Frischhaltefolie wickeln und 2 Std. kalt stellen.

Die beiden Teigkugeln auf der leicht bemehlten Arbeitsfläche zu 1 cm dicken Quadraten ausrollen und diese in 1 cm breite Streifen schneiden. Je einen hellen, einen dunklen und wieder einen hellen Streifen nebeneinanderlegen, die benachbarten Kanten mit etwas Milch einpinseln und die Streifen vorsichtig aneinanderdrücken. Nun einen hellen auf einen dunklen und zwei dunkle auf die beiden hellen Streifen legen, dabei wieder alle Kanten mit Milch einpinseln. Diesen Vorgang wiederholen, sodass sich mehrere quadratische Teigstangen mit je 9 aneinandergesetzten Streifen ergeben. Diese Stangen in Frischhaltefolie wickeln und für 10 Min. ins Gefrierfach legen, so lassen sie sich anschließend besser schneiden.

Den Ofen auf 180 °C vorheizen und ein Backblech mit Backpapier auslegen. Die Teigstangen mit einem sehr scharfen Messer in 3 mm dünne Scheiben schneiden. Diese nebeneinander aufs Blech legen und in 12 Min. hell backen. Herausnehmen und auf einem Kuchengitter abkühlen lassen.

Tipp: Wenn es etwas schneller gehen soll, kann man den hellen und den dunklen Teig auch jeweils 3 mm dünn ausrollen, zu zwei gleich großen Rechtecken schneiden, einseitig mit Milch bepinseln, übereinanderlegen und aufrollen. Die Rolle dann ebenfalls kalt stellen, in 3 mm dünne Scheiben schneiden und wie die Quadrate weiterverarbeiten.

Pekannusskekse

mit Schokofüllung

Die Pekannüsse fein hacken, ein Drittel davon auf einem flachen Teller beiseitestellen. In einer großen Schüssel die Butter und den Zucker schaumig schlagen. Das Mehl mit Backpulver und Espressopulver mischen und zugeben. Das Ei ebenfalls zufügen und verrühren. Die Nüsse unterheben.

Den Backofen auf 180 °C vorheizen.

Aus der Masse kleine Kugeln formen, in den restlichen Pekannüssen wälzen und mit Abstand auf ein mit Backpapier ausgelegtes Backblech setzen. Im Ofen 10 Min. backen.

Die Zartbittercreme auf jeweils einen Keks auftragen und einen zweiten daraufsetzen.

Ergibt 15 Stück

60 g Pekannüsse
100 g zimmerwarme Butter
70 g Rohrohrzucker
110 g Mehl
1 TL Backpulver
2 TL Espressopulver
1 kleines Ei
100 g Zartbitter-Schokoaufstrich (z. B. aus dem Bioladen)

Barbara Pronnet

Der Weihnachtsteller

Als ich zusammen mit meinen gleich aussehenden Kollegen in den bunten Weihnachtsteller gelegt wurde, war mir schnell klar, jetzt heißt es warten und reifen bis zum Fest. Ich roch herrlich nach Butter und Rum und meine Zuckerglasur stand mir besonders gut.
„He", rief eine dicke Marzipankartoffel neben mir, „mach dich nicht so breit!"
„Du musst reden", beschwerte sich eine herrlich aussehende Kokosmakrone rechts von mir, „du machst dich doch breit wie ein fetter Christstollen." Sie lächelte mir freundlich zu und ich strahlte zurück. Was wäre wohl, träumte ich, wenn wir unsere Zutaten zusammenmischten? Es käme bestimmt etwas besonders Süßes heraus. Ich sah mich um. Ein bisschen eng war's schon auf diesem bunten Teller, aber die Farbenpracht und der Geruch waren einmalig. Ich freute mich schon auf den großen Tag. Wenn eine kleine Kinderhand nach mir greifen und mich genussvoll verschlingen würde.
Das ist eben für uns Plätzchen die Krönung. Meine nette Kokosmakrone neben mir war eingeschlafen. Ihr zarter Duft machte mich ganz schwindelig.
„Bist du neu hier?" Ich äugte nach links oben, von wo diese tiefe Stimme kam, und schaute auf den wohl bestgelungenen Gewürzlebkuchen aller Zeiten. Er strotzte nur so vor Korinthen, Rosinen und Schokostückchen.
„Ja, ich bin noch ganz warm", sagte ich.
„Du siehst sehr appetitlich aus, so rund und saftig", lobte er mich.
„Danke, aber nichts gegen dich. Du bist fantastisch." Der Lebkuchen rekelte sich richtig unter meinem Kompliment. „Stimmt, ich bin wirklich gut gelungen. Die Hausherrin probierte ein neues Rezept. Sie hat sich sehr viel Mühe gegeben."

„Ach papperlapapp", schimpfte die dicke Marzipankartoffel aufs Neue. „Ihr mit eurem Geschwätz. Spätestens bis zum 2. Weihnachtsfeiertag werdet ihr einfach in volle Bäuche gestopft und keiner wird sich mehr an euer Aussehen erinnern oder an euren Geruch. Ihr seid eingebildete Narren."
„Vielleicht hast du recht", pflichtete ich ihr bei, „aber unsere Aufgabe ist es nun mal, gut auszusehen und zu schmecken."
„Wenn du so weiter meckerst", lachte ein Butterplätzchen schräg oben von uns, „wird dich keiner mehr vernaschen, weil du nämlich bis dahin sauer geworden bist."
Wir lachten alle schallend und die Marzipankartoffel wurde ganz dunkelbraun vor Wut. Meine süße Kokosmakrone war aufgewacht und hatte uns eine Weile wortlos zugehört.

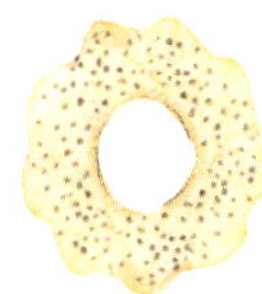

„Versteht ihr denn den Sinn dieses Festes überhaupt nicht? Es geht doch nicht darum, wer am besten gelungen ist, die schönste Farbe hat und am leckersten schmeckt. Oder wer den besten Platz im runden Teller hat. Wichtig ist nur, dass wir alle, wie wir hier liegen, Freude bereiten und dazu beitragen, dass es ein gelungenes und frohes Fest wird. Und wenn wir uns bis dahin alle vertragen, werden sich unsere Aromen vermischen und wir alle werden unvergesslich schmecken."
Es wurde sehr still im bunt gemischten Weihnachtsteller. Die Marzipankartoffel rutschte noch ein bisschen weiter nach unten, aber sie sagte nichts mehr. Die anderen nickten zustimmend.
Ich schaute stolz auf meine kleine Kokosmakrone, denn was sie gerade sagte, ist das beste Rezept, was je geschrieben wurde.

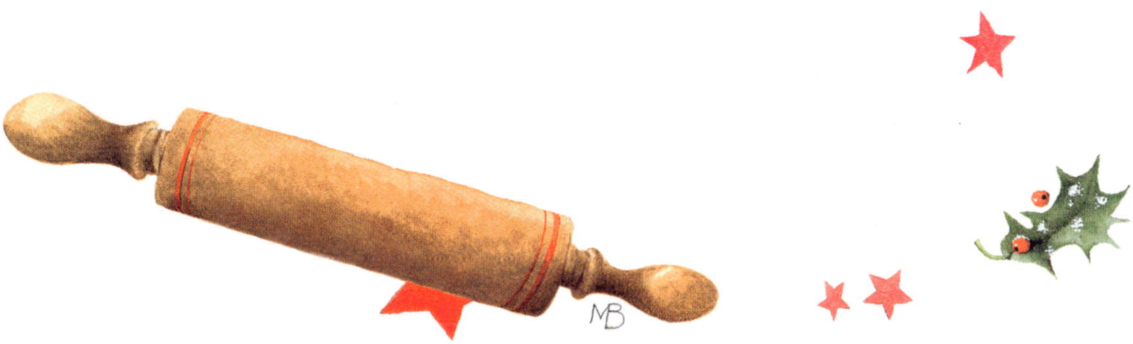

Cranberry-Shortbread

100 g getrocknete Cranberrys
300 g Mehl
200 g kalte gesalzene Butter
100 g Zucker
2 TL Vanille-Extrakt

Den Backofen auf 180 °C vorheizen, 2 Backbleche mit Backpapier auslegen. Die Cranberrys fein hacken.

Das Mehl in eine Schüssel sieben, die Butter in Stückchen mit den Fingerspitzen einarbeiten, bis eine krümelige Masse entsteht. Zucker, Cranberrys und Vanille-Extrakt unterrühren und das Ganze zur Kugel zusammendrücken. In Frischhaltefolie wickeln und 15 Min. kalt stellen.

Den Teig ausrollen, Plätzchen ausstechen und ca. 15 Min. hell backen.

Vorsichtig vom Backpapier lösen und auf einem Kuchengitter abkühlen lassen.

Tipp: Je weniger man knetet, desto mürber wird dieses köstlich buttrige Shortbread!

Gingerbread

75 g kandierter Ingwer
250 g Mehl
¼ TL Backpulver
170 g zimmerwarme Butter
120 g Zucker
1 Pck. Vanillezucker
Abrieb von 1 Bio-Orange
1 TL gemahlener Ingwer
75 g Aprikosenkonfitüre

Den Backofen auf 180 °C vorheizen. Ein Backblech mit Backpapier auslegen. Den kandierten Ingwer fein hacken.

Mehl und Backpulver vermischen und in eine große Schüssel sieben, die Butter in Stückchen zufügen und mit den Fingerspitzen in das Mehl einarbeiten, bis eine krümelige Masse entsteht. Zucker, Vanillezucker und Orangenschale sowie gemahlenen Ingwer gründlich unterrühren.

Die Hälfte des Streuselteigs zu einem glatten Teig verkneten und auf dem Backblech ausrollen. Anschließend mit Aprikosenkonfitüre bestreichen und den gehackten Ingwer sowie die restlichen Streusel aufstreuen.

Im Ofen 20 Min. backen und abkühlen lassen, dann in Rechtecke von ca. 2 × 4 cm schneiden.

Aachener Printen

250 g Zuckerrübensirup
1 gestr. TL Pottasche
50 g brauner Zucker
75 g weißer Kandiszucker
300 g Mehl
je 1 TL gemahlener Zimt, Anis und Ingwer
je ¼ TL gemahlene Nelken, Kardamom, Koriander und Piment

Außerdem

Milch zum Bestreichen
100 g Mandeln, geschält

2-3 Tage vor dem Backen den Sirup mit 2 EL Wasser aufkochen. Die Pottasche mit 1 EL Wasser verrühren und dazugeben. Beide Zuckersorten einrühren, unter Rühren erkalten lassen. Das Mehl und die Gewürze untermischen. Zugedeckt bei Zimmertemperatur ruhen lassen.

Am Backtag den Ofen auf 180 °C vorheizen, 2 Bleche mit Backpapier auslegen. Den Teig nochmals kneten und 5 mm dick ausrollen. In ca. 3 × 8 cm große Rechtecke schneiden, mit Milch bestreichen und mit Mandeln belegen. Im Ofen ca. 15 Min. backen, vor dem Abkühlen vom Backpapier lösen.

Elisenlebkuchen

4 Eier
150 g Puderzucker
1 Prise Salz
1 TL Saft und Abrieb
von 1 Bio-Zitrone
200 g gemahlene Mandeln
200 g gemahlene Haselnüsse
1½ TL Lebkuchengewürz

Außerdem

48 Backoblaten (Ø 5 cm)
200 g dunkle Zartbitterkuvertüre

Den Backofen auf 160 °C vorheizen.

In einer Schüssel die Eier mit Puderzucker, Salz und Zitronensaft dick und schaumig rühren. Zitronenabrieb, Mandeln, Nüsse und Lebkuchengewürz untermischen. Den Teig mithilfe von 2 TL auf die Oblaten verteilen und die Lebkuchen auf die Backbleche setzen. Im Ofen 15 Min. backen, dann abkühlen lassen.

In einer Schüssel über dem heißen Wasserbad die Kuvertüre schmelzen und die Lebkuchen damit bestreichen.

Tipp: Wer mag, kann statt der dunklen Kuvertüre eine Zuckerglasur verwenden. 250 g Puderzucker, 1 Eiweiß und 3 Tropfen Zitronensaft glatt rühren und die Lebkuchen damit bestreichen.

Nussecken

250 g zimmerwarme Butter
100 g Zuckerrübensirup
100 g brauner Zucker
1 Pck. Vanillezucker
2 Eier
350 g Haferflocken
3 TL Backpulver
100 g gemahlene Haselnusskerne
100 g gehackte Haselnusskerne

Außerdem

250 g Vollmilchkuvertüre

Den Backofen auf 160 °C vorheizen und ein Backblech mit Backpapier auslegen. Die Butter in einer Schüssel schaumig schlagen. Nach 5 Min. Zuckerrübensirup, braunen Zucker und Vanillezucker zugeben und 3 Min. weiterschlagen. Dann die Eier unterrühren. In einer weiteren Schüssel Haferflocken und Backpulver mischen und esslöffelweise unter die Butter-Zucker-Masse heben. Dann die gemahlenen und gehackten Haselnüsse untermengen.

Den Nussteig gleichmäßig 1 cm dick aufs Blech streichen. Im Ofen in 30 Min. goldbraun backen. Anschließend abkühlen lassen. Die Kuvertüre schmelzen. Die Nussplatte in kleine Dreiecke schneiden und je zwei Enden von einem Dreieck in die flüssige Kuvertüre tauchen. Auf einem Kuchengitter trocknen lassen.

Dresdner Stollen

Am Vorabend in einer Schüssel die Sultaninen und die Korinthen mit dem Rum begießen und abgedeckt ziehen lassen.

Am nächsten Tag das Mehl in eine große Schüssel sieben und in die Mitte eine Vertiefung drücken. Die Hefe mit etwas zimmerwarmer Milch verquirlen und in die Vertiefung gießen. Etwas Mehl darübergeben und verrühren. Zugedeckt 2 Std. gehen lassen.

Zitronat, Orangeat und beide Mandelsorten hacken. Mit Zucker, Vanillezucker, Zitronenabrieb, Salz, Butterschmalz und der restlichen Milch zum Teig geben und alles gut verkneten. Zugedeckt 3 Std. gehen lassen.

Den Backofen auf 200 °C vorheizen. Ein Backblech mit etwas Butter einfetten und mit etwas Mehl bestäuben. Den Teig nochmals gut durchkneten und in zwei Stücke teilen. Die Teigstücke zu länglichen Broten formen, längs etwas einkerben und auf das Backblech legen. Nochmals 30 Min. gehen lassen.

Im vorgeheizten Ofen 1 Std. backen und dann etwas abkühlen lassen. In einem kleinen Stieltopf die Butter zerlassen. Für die Glasur die beiden Stollen in zwei Durchgängen mit der Butter bepinseln, mit dem Zucker und dem Puderzucker bestreuen. Die beiden Stollen sollten mindestens 3-4 Wochen durchziehen, bevor sie angeschnitten werden.

Ergibt 2 Stollen

Für den Stollen

750 g Sultaninen
125 g Korinthen
125 ml Rum
1,25 kg Mehl
150 g zimmerwarme frische Hefe
375 ml zimmerwarme Milch
75 g Zitronat
75 g Orangeat
5 bittere Mandeln
150 g süße Mandelkerne
250 g Zucker
2 Pck. Vanillezucker
½ EL Abrieb von 1 Bio-Zitrone
20 g Salz
600 g zimmerwarmes Butterschmalz
etwas Butter und Mehl für das Backblech

Für die Glasur

125 g Butter
40 g Zucker
125 g Puderzucker

Paula Dehmel

Weihnachten in der Speisekammer

Unter der Türschwelle war ein kleines Loch. Dahinter saß die Maus Kiek und wartete. Sie wartete bis der Hausherr die Stiefel aus- und die Uhr aufgezogen hatte; sie wartete, bis die Mutter ihr Schlüsselkörbchen auf den Nachttisch gestellt und die schlafenden Kinder noch einmal zugedeckt hatte; sie wartete auch noch, als alles dunkel war und tiefe Stille im Hause herrschte. Dann ging sie. Bald wurde es in der Speisekammer lebendig. Kiek hatte die ganze Mäusefamilie benachrichtigt. Da kam Miek die Mäusemutter mit den fünf Kleinen, und Onkel Grisegrau und Tante Fellchen stellten sich auch ein.

„Frauchen, hier ist etwas Weiches, Süßes", sagte Kiek leise vom obersten Brett herunter zu Miek, „das ist etwas für die Kinder", und er teilte von den Mohnpielen aus. „Komm hierher Grisegrau", piepste Fellchen, und guckte hinter der Mehltonne vor, „hier gibt's Gänsebraten, vorzüglich, sag ich dir, die reine Hafermast; wie Nuss knuspert sich's." Grisegrau aber saß in der neuen Kiste in der Ecke, knabberte am Pfefferkuchen und ließ sich nicht stören. Die Mäusekinder balgten sich im Sandkasten und kriegten Mohnpielen. „Papa", sagte das größte, „meine Zähne sind schon scharf genug, ich möchte lieber knabbern, knabbern hört sich so hübsch an."

„Ja, ja, wir wollen auch lieber knabbern", sagten alle Mäusekinder, „Mohnpielen sind uns zu matschig", und bald hörte man sie am Gänsebraten und am Pfefferkuchen. „Verderbt euch nicht den Magen", rief Fellchen, die Angst hatte, selber nicht genug zu kriegen, „an einem verdorbenen Magen kann man sterben." Die kleinen Mäuse sahen ihre Tante erschrocken an; sterben wollten sie ganz und gar nicht, das musste schrecklich sein. Vater Kiek beruhigte sie und erzählte ihnen von Gottlieb und Lenchen, die drinnen in ihren Betten lägen und ein hölzernes Pferdchen und eine Puppe im Arm hätten; und dass in der großen Stube ein mächtiger Baum stände mit Lichtern und buntem Flimmerstaat, und dass es in der ganzen Wohnung herrlich nach frischem Kuchen röche, der aber im Glasschrank stände, und an den man nicht heran könnte. „Ach", sagte Fellchen, „erzähle nicht so viel, lass die Kinder lieber essen." Die aber lachten die Tante mit dem dicken Bauch aus und wollten noch viel mehr wissen, mehr als der gute Kiek selbst wusste. Zuletzt bestanden sie darauf, auch einen Weihnachtsbaum zu haben, und die zärtlichen Mäuseeltern liefen wirklich in die Küche und zerrten einen Ast herbei, der von dem großen Tannenbaum abgeschnitten war. Das gab einen Hauptspaß. Die Mäusekinder quiekten vor Entzücken und fingen an, an dem grünen Tannenholz zu knabbern; das schmeckte aber abscheulich nach Terpentin, und sie ließen es sein und kletterten lieber in dem Ast umher. Schließlich machten sie die ganze Speisekammer zu ihrem Spielplatz. Sie huschten hierhin und dorthin, machten Männchen, lugten neugierig über die Bretter in alle Winkel hinein und spielten Versteck hinter den Gemüsebüchsen und Einmachtöpfen; was sollten sie auch mit dem dummen Weihnachtsbaum, an dem es nichts zu essen gab! Als aber das kleinste ins Pflaumenmus gefallen war und von Mama Miek und Onkel Grisegrau abgeleckt werden musste, wurde ihnen das Umhertollen untersagt, und sie mussten wieder artig am Pfefferkuchen knabbern.

Am anderen Morgen fand die alte Köchin kopfschüttelnd den Tannenast in der Speisekammer und viele Krümel und noch etwas, was nicht gerade in die Speisekammer gehört, ihr werdet euch schon denken können was! Als Gottlieb und Lenchen in die Küche kamen, um der alten Marie guten Morgen zu wünschen, zeigte sie ihnen die Bescherung und meinte: „Die haben auch tüchtig Weihnachten gefeiert." Die Kinder aber tuschelten und lachten und holten einen Blumentopf. Sie pflanzten den Ast hinein und bekränzten ihn mit Zuckerwerk, aufgeknackten Nüssen, Honigkuchen und Speckstückchen. Die alte Marie brummte; da aber die Mutter lachend zuguckte, musste sie schon klein beigeben. Sie stellte alles andere sicher und ließ den kleinen Naschtieren nur ihren Weihnachtsbaum.

Die Kinder aber jubelten, als sie am zweiten Feiertage den Mäusebaum geplündert vorfanden, und hätten gar zu gern auch ein Dankeschön von dem kleinen Volke gehört. „Den guten Speck vergesse ich mein Lebtag nicht", sagte Fellchen, und Grisegrau biss eine mitgebrachte Haselnuss entzwei; Kiek und Miek aber waren besorgt um ihre Kleinen, die hatten zu viel Pfefferkuchen gegessen, und ihr wisst, liebe Kinder, das tut nicht gut!

Feiner Quarkstollen

Für 1 Stollen

250 g Quark
200 g Rosinen
500 g Mehl plus etwas zum Bestäuben
50 g Orangeat
100 g Zitronat
1 Pck. Backpulver
200 g Zucker
Abrieb von 1 Bio-Zitrone
2 Eier
2 EL Rum
400 g Butter
150 g Mandelstifte

Außerdem

Puderzucker zum Bestäuben

Den Backofen auf 180 °C vorheizen und ein Backblech mit Backpapier auslegen.

Den Quark abtropfen lassen, die Rosinen mit Mehl bestäuben. Das Orangeat und das Zitronat fein würfeln.

Das Mehl mit dem Backpulver auf die Arbeitsfläche sieben und eine Mulde eindrücken. In die Mulde Zucker, Zitronenabrieb, Eier und Rum geben und verrühren. Die Hälfte der Butter in Stückchen zugeben, dann Quark, Rosinen, Mandelstifte sowie Orangeat und Zitronat einarbeiten. Alles zu einem glatten Teig verkneten.

Einen Stollen formen, auf das Backblech legen und 1 Std. 15 Min. im Ofen backen (Stäbchenprobe machen). Kurz vor Ende der Backzeit die restliche Butter in einem kleinen Topf zerlassen. Den Stollen aus dem Ofen nehmen, mit der heißen Butter übergießen und mit dem Puderzucker bestäuben.

Zitroniger Gugelhupf

Den Backofen auf 160 °C vorheizen. Die Gugelhupfform einfetten und mit Mehl bestäuben.

Das Mehl mit dem Backpulver in eine große Schüssel sieben. Zitronenabrieb und Zucker zufügen und gründlich vermischen. Butter, Joghurt, Eier, Milch und Zitronensaft zugeben und alles zu einem glatten Teig verrühren.

Den Teig in die Form füllen und diese einige Male auf die Arbeitsfläche klopfen, damit Luftblasen entweichen können. Den Kuchen 45-50 Min. im vorgeheizten Ofen backen, bis er goldbraun ist (Stäbchenprobe machen). 10 Min. in der Form abkühlen lassen, dann aus der Form lösen und auf einem Kuchenrost vollständig auskühlen lassen. Mit Puderzucker bestäuben.

225 g Mehl
1 Pck. Backpulver
Abrieb und Saft von 1 Bio-Zitrone
225 g Zucker
125 g sehr weiche Butter
130 g Joghurt
3 Eier
60 ml Milch

Außerdem

1 Gugelhupfform (Ø 22 cm)
Butter und Mehl für die Form
Puderzucker zum Bestäuben

Baumkuchen

6 Eier
1 Prise Salz
120 g Zucker
150 g Marzipanrohmasse
200 g zimmerwarme Butter
100 g Puderzucker
1 Pck. Vanillezucker
100 g Mehl
100 g Aprikosenkonfitüre
2 EL Orangenlikör nach Belieben
200 g Zartbitterkuvertüre
1 EL Kokosfett

Außerdem

Fett und Backpapier für die Form

Den Backofen auf 250 °C vorheizen. Eine Backform (Ø 24 cm) mit Backpapier auslegen und den Rand fetten.

Die Eier trennen. Die Eiweiße mit Salz steif schlagen, den Zucker einrieseln lassen. Die Marzipanrohmasse klein schneiden und in einer großen Schüssel mit Butter, Puderzucker und Vanillezucker cremig rühren. Die Eigelbe nach und nach unterrühren, dann den Eischnee und das Mehl unterheben.

2 gehäufte EL Teig auf dem Boden der Backform verstreichen. Im Ofen auf der oberen Schiene 4 Min. backen. Die Form herausnehmen, 2 weitere gehäufte EL Teig darauf verstreichen und wiederum 4 Min. backen. So weiter verfahren, bis kein Teig mehr übrig ist. Es sollen sich 10–12 Schichten ergeben.

Den Kuchen leicht abkühlen lassen, dann auf ein Kuchengitter stürzen und das Backpapier abziehen. Die Konfitüre über dem heißen Wasserbad erwärmen, durch ein Sieb streichen und nach Belieben mit dem Orangenlikör verrühren. Den Baumkuchen rundum damit bestreichen. Vollständig abkühlen lassen. Dann die Kuvertüre grob hacken und in einer kleinen Edelstahlschüssel mit dem Kokosfett über dem Wasserbad schmelzen lassen. Den Kuchen mit der Kuvertüre überziehen und kalt stellen, bis die Glasur getrocknet ist.

MB

Julius Kreis

Backen

Der Advent hat seinen eigenen Duft. Fast in jeder Wohnung spürt man ein Rüchlein davon: Kripperlrinde, Tannenzweige, Wachs und vor allem in den Küchen und Gängen von Mal zu Mal genau vertraute Geschmäcklein nach Weihnachtsgebackenem, nach Zucker und gewürztem Teig, nach Zitronat, Mandeln, Maronen, Arrak ... In den Bürgerhäusern ist noch aus Urgroßmutters Tagen ein vergilbtes, stockfleckiges Heft da. Die Schrift darin ist mit Liebe und Sorgfalt, mit kleinen biedermeierlichen Schnörkeln gesetzt, alte Maße und Gewichte finden sich: ein „Maßl" Mehl, zehn „Loth" Zucker, ein „Deka" Muskat, ein bisschen umständlich ist alles beschrieben: „Man nehme" ... „alsdann tue man" ... „rühre das Ganze emsig und gut ineinander" ...

Dann wechselt die Schrift: Großmutter hat das Buch fortgeführt, die Mutter hat es ergänzt. Ein Geschlecht von Schriften, ein Geschlecht von Köchinnen. Zwischenhinein haben Kinderfinger, die nun auch längst alt und knorpelig geworden sind, ihr Krikelkrakel gemalt. Für Marzipan, Butterteig, Haselnuss, Zimtsterne, für drei Dutzend guter Weihnachtssachen ist hier der rechte Wegweiser. Weihnachtsbackwerk muss jenseits der Alltagsküche hergestellt werden. Am späten Nachmittag, am Abend. Herrliche Erinnerung aus der Kinderzeit: Da kam man an einem frostigen Dezembertag rot gefroren, die Schlittschuhe in den klammen Fingern, gegen Abend heim, und aus der geöffneten Wohnungstür roch es nach heißem Kaffee. Die Rohrnudel lag neben der Tasse, die Petroleumlampe blakte schon, aber noch etwas lag in der Luft: Weihnachtsguteln! Dann jagte uns die Mutter mit freundlichem Schelten vom Tisch weg und kam mit Teigschüssel und Nudelbrett, mit Orangeat und Zitronat, mit Haselnüssen und Nusskernen, und da wurde gewalkt und geschlagen, geschnitten und gerieben. Die Mädchen durften dabei die Hand reichen. Wir Kleinen aber sahen mit runden, gierigen Augen auf Rosinen, Nüsse und Zucker, und es kribbelte in den Händen ... Da hatte die Mutter ein Einsehen und schob jedem ein paar Kerne und Weinbeeren zu. An ihnen hing schon Weihnachten. War erst der Teig ausgewalkt, so kam das hohe Fest des Ausstechens und bei Marzipan des Modellierens. Da tat wohl auch der gestrenge Vater mit und machte manchmal einen Spaß dabei. Da lagen sie nun die Sternlein und Blumen, Hasen und Vögel, die Glocken und Herzen. Und im Marzipanteig wölbten sich Ross und Reiter, Rosen und Tulpen, hoben sich Gockelhähne, Rehfamilien und Schäferinnen. Wie ein süßer Zauberberg roch die Stube. Wurden die Teigreste wieder zusammengewalkt, so stibitzte man immer ein Fetzchen von dem süßen, rohen Teig, und das schmeckte fast noch besser als das Gebäck selbst. Man blieb länger auf an solchen Abenden, und wenn die ersten Plätzchen heiß und duftend aus dem Rohr kamen, reckte alles die Hälse. [...]

War ausgebacken, so wurde alles Backwerk in die großen Schachteln getan, die standen im Kammerl auf dem höchsten Kasten und warteten auf die weihnachtliche Erlösung. Sehnsüchtig gingen die Kinderaugen da hinauf und bettelten bei der Mutter. Die ließ sich dann manchmal doch erweichen und spendierte für besondere Bravheit, für außergewöhnlichen Fleiß hin und wieder ein Stückl, nicht ohne zu seufzen: „Ihr Fresssäck, ihr glustigen - was soll denn da für Weihnachten bleibn!" Aber es blieb immer noch genug, um jedes Körbchen bis zum Rand zu füllen, und selig war man dann, wenn man ein Stückl wiedererkannte, das man selbst ausgestochen hatte.

Christmas Cupcakes

Für 1 Mini-Cupcake-Blech (12 Stück)

Für den Teig

400 g Rosinen
240 g gehackte kandierte Cranberrys
120 ml Rum
125 g zimmerwarme Butter plus etwas für die Form
110 g brauner Zucker
1 EL Orangenmarmelade
1 EL Honig
Abrieb von ½ Bio-Zitrone
2 Eier
180 g Mehl
je ½ TL gemahlener Zimt, gemahlener Ingwer und Lebkuchengewürz

Für das Frosting

1 Eiweiß
250 g Puderzucker
3 TL Zitronensaft

Außerdem

1 Mini-Cupcake-Blech
goldene Zuckerperlen und Sternchen zum Dekorieren nach Belieben

Am Vortag die Rosinen und Cranberrys in eine Schüssel geben und mit dem Rum übergießen. Über Nacht zugedeckt ziehen lassen.

Am nächsten Tag den Backofen auf 150 °C vorheizen. Das Cupcake-Blech gut einfetten. In einer Schüssel die Butter mit dem Zucker cremig rühren. Orangenmarmelade, Honig und Zitronenabrieb untermischen. Nacheinander die Eier zugeben und dabei ständig weiterrühren. Dann nach und nach die eingelegten Trockenfrüchte, das Mehl und die Gewürze einarbeiten.

Den Teig bis zum Rand auf die Vertiefungen verteilen, anschließend glatt streichen. Das Blech in den vorgeheizten Ofen geben und die Cupcakes 35 Min. backen. Herausnehmen, abkühlen lassen, auf ein Kuchengitter stürzen und anschließend wieder umdrehen.

Für das Frosting das Eiweiß leicht aufschlagen. Langsam den gesiebten Puderzucker zufügen und beides zu einer glatten Masse verrühren. Vorsichtig so viel Zitronensaft einrühren, dass die Mischung etwas flüssiger wird. Jeden Cupcake mit Zuckerguss bestreichen, sodass dieser gleichmäßig an den Seiten herunterläuft.

Nach Belieben mit goldenen Zuckerperlen und Sternchen dekorieren.

Weihnachtliche Schokoküchlein

Die Förmchen einfetten und den Backofen auf 200 °C vorheizen. Die Schokolade grob hacken.

In einer Edelstahlschüssel über einem heißen Wasserbad die Schokolade zusammen mit der Butter unter stetigem Rühren schmelzen lassen. Nicht zu stark erhitzen und darauf achten, dass kein Wasser in die Schokolade spritzt. Beiseitestellen.

Das Mehl mit dem Zimt und den Nelken vermischen. In einer Schüssel die Eier mit dem Zucker schaumig schlagen, dann unter die Schokobutter ziehen. Anschließend das Mehl vorsichtig einrühren. Den Teig in die Förmchen füllen und 10 Min. im Ofen backen. Innen sollten die Küchlein noch flüssig sein.

Direkt frisch aus dem Ofen warm servieren!

140 g Zartbitterschokolade
140 g Butter plus etwas für die Förmchen
60 g Mehl
½ TL gemahlener Zimt
1 Prise gemahlene Nelken
4 Eier
80 g Zucker

Außerdem

4 ofenfeste Förmchen à 125 ml
Butter zum Ausfetten
Puderzucker zum Bestäuben

Tipp: Dazu passt Vanilleeis.

Festliche
Getränke

Winterlicher Waldbeerenpunsch

400 g Waldbeeren (TK)
1 Apfel
1 Bio-Orange
1 l Johannisbeersaft
1 l naturtrüber Apfelsaft
4 Zimtstangen
6 Sternanis
750 ml Rotwein

Die gefrorenen Beeren auftauen lassen.

Den Apfel und die Orange heiß waschen, trocken tupfen und in Scheiben schneiden.

In einem Topf Johannisbeersaft, Apfelsaft, Zimtstangen, Sternanis und Orangenscheiben langsam erhitzen. Die aufgetauten Beeren, Apfelscheiben und den Rotwein zugeben, weitere 15 Min. bei mittlerer Hitze erwärmen und sofort servieren.

Mandarinenpunsch

Die Himbeeren auftauen lassen.

Die Zitronen halbieren und auspressen. Die Vanilleschoten längs aufschneiden und das Mark herauskratzen.

Zitronensaft, Vanillemark und -schote mit den übrigen Säften in einen Topf geben und die Gewürze zufügen. Den Punsch bei geringer Hitze erwärmen, nicht kochen, und 15 Min. ziehen lassen. Schote und Gewürze mit einer Schaumkelle wieder entfernen. Anschließend den Honig zugeben und verrühren.

Einige Himbeeren in jedes Glas geben, mit dem Mandarinenpunsch auffüllen und warm servieren.

Ergibt ca. 10 Gläser

Himbeeren (TK) zum Garnieren
Saft von 5 Zitronen
2 Vanilleschoten
1,25 l Mandarinensaft
500 ml naturtrüber Apfelsaft
3 Zimtstangen
3 Sternanis
10 Pimentkörner
3 Kardamomkapseln
3 EL flüssiger Honig

Bratapfelpunsch

Die Vanilleschote längs aufschneiden und das Mark herauskratzen. In einem Topf den Apfelsaft zusammen mit Muskat, Zimt, Nelken und Vanillemark langsam erhitzen. Die Mischung nicht aufkochen. Das Vanilleeis zugeben und leicht verrühren, bis es geschmolzen ist.

Den Bratapfelpunsch in Gläser füllen und warm servieren.

Ergibt ca. 10 Gläser

1 Vanilleschote
2 l Apfelsaft
2 Msp. frisch geriebene Muskatnuss
2 TL gemahlener Zimt
½ TL gemahlene Gewürznelken
8 Kugeln Vanilleeis

Tipp: Wer möchte, kann pro Glas 2 cl Rum oder Amaretto zugeben.

Feuerzangenbowle

Ergibt ca. 10 Gläser

2 Bio-Orangen
1 Bio-Zitrone
2 l Rotwein
3 Sternanis
3 Gewürznelken
2 Wacholderbeeren
2 Zimtstangen
1 Zuckerhut
350 ml Rum

Außerdem

Punschtopf
Rechaud
Feuerzange

Die Orangen und die Zitrone mit heißem Wasser waschen, trocken tupfen und in Scheiben schneiden. Mit dem Wein und den Gewürzen in einen großen Topf geben und bei mittlerer Hitze erwärmen. Die Bowle darf nicht kochen. Früchte und Gewürze in der warmen Flüssigkeit ziehen lassen. Die Weinmischung in einen Punschtopf umfüllen und auf ein Rechaud stellen.

Die Feuerzange samt Zuckerhut über den Topf legen und den Zuckerhut mit Rum beträufeln. Mit ausreichendem Abstand den Zuckerhut anzünden. Vorsicht, es kann eine Stichflamme entstehen! Wenn der Rum fast verbrannt ist, den restlichen Rum zunächst in eine Kelle gießen, dann über den brennenden Zuckerhut laufen lassen. Nie mit der Rumflasche direkt an die offene Flamme gehen!

Die Feuerzangenbowle in Punschgläsern servieren und warm genießen.

Weißer Glühwein

Den Ingwer und die Orangen mit heißem Wasser waschen, trocken tupfen und den Ingwer schälen. Alles in Scheiben schneiden. Die Äpfel waschen, trocken tupfen, halbieren und vom Kerngehäuse befreien. Ebenfalls in Scheiben schneiden. Den Amaretto in eine Schüssel füllen und die Apfelscheiben 30 Min. darin ziehen lassen.

Anschließend Weißwein, Apfelsaft, Orangen- und Ingwerscheiben mit dem Honig und den Zimtstangen in einen großen Topf geben. Alles langsam erhitzen. Der Wein darf nicht kochen. Den Amaretto mit den Apfelscheiben zum Glühwein geben und alles noch einmal kurz erwärmen.

Weißen Glühwein in Gläser füllen und warm servieren.

Ergibt ca. 10 Gläser

1 Stück Ingwer (6 cm)
4 Bio-Orangen
3 Äpfel
200 ml Amaretto
2 l Weißwein
600 ml naturtrüber Apfelsaft
8 EL flüssiger Honig
4 Zimtstangen

Roter Glühwein

Alle Zutaten in einem Topf vermischen und zugedeckt über Nacht ziehen lassen. Zum Servieren den Wein fast bis zum Siedepunkt erhitzen – nicht kochen!

Die Gewürze abseihen, Mandeln und Sultaninen einstreuen und heiß servieren.

Ergibt ca. 10 Gläser

1 l Rotwein
125 g brauner Zucker
1 TL Abrieb von 1 Bio-Zitrone
2 Zimtstangen
1 TL gemahlener Ingwer
5 Nelken
4 Kardamomkapseln oder
½ EL gemahlener Kardamom
2 getrocknete Bitterorangenschalen

Außerdem

60 g geschälte Mandelkerne
60 g Sultaninen

Weihnachtssangria

Ergibt ca. 10 Gläser

1 Granatapfel
2 säuerliche Bio-Äpfel
2 Bio-Orangen
500 g Pfirsiche (Dose)
1,25 l Rotwein
200 ml Apfelbrand
250 ml Apfelsaft
250 ml Cranberrysaft
5 EL brauner Zucker
2 Zimtstangen
2 Gewürznelken

Den Granatapfel halbieren und entkernen. Die Äpfel waschen und trocken tupfen, dann vierteln, vom Kerngehäuse befreien und in mundgerechte Stücke schneiden. Die Orangen schälen und ebenfalls in Stücke schneiden. Die Pfirsiche aus der Dose nehmen, dabei den Saft auffangen. Die Pfirsiche in Stücke schneiden und gemeinsam mit den Apfel- und Orangenstücken sowie den Granatapfelkernen in eine Bowleschüssel geben.

Alkoholika und Säfte zusammen mit dem Zucker und den Gewürzen in die Schüssel geben und alles gut verrühren. Die Bowleschüssel mit Frischhaltefolie abdecken und mindestens 2 Std. kalt stellen. Anschließend die Gewürze mit einer Schaumkelle entfernen.

Die Weihnachtssangria mit den Früchten in Gläser füllen und kalt servieren.

Väterchen-Frost-Cocktail

Alle Zutaten für den Cocktail in einen Mixer geben und gut mixen, bis der Drink die gewünschte Konsistenz erreicht.

Für den Kokosrand etwas Honig und die Kokosraspel jeweils auf einen Teller geben. Anschließend 4 Gläser zunächst in den Honig und dann in die Raspel tauchen.

Väterchen-Frost-Cocktail in die Gläser gießen und sofort servieren.

Tipp: Die Eis-Menge kann je nach gewünschter Konsistenz variiert werden.

Für den Cocktail

160 ml Ananassaft
8 cl Wodka
8 cl Blue Curaçao
8 cl Cream of Coconut
150 g Crushed Ice

Für den Kokosrand

Flüssiger Honig
Kokosraspel zum Garnieren

Clementinen-Rosmarin-Prosecco

Für den Rosmarinsirup

1 Bund Rosmarinzweige (ca. 50 g)
2 Bio-Clementinen
300 g Zucker

Für den Prosecco

120 ml Clementinensaft
60 ml Limettensaft
60 ml Rosmarinsirup
260 ml Prosecco

Außerdem

4 kleine Rosmarinzweige zum Garnieren
Clementinenzesten zum Garnieren

Den Rosmarin abbrausen, trocken schütteln, 4 kleine Rosmarinzweige zum Garnieren beiseitelegen, vom Rest die Nadeln abzupfen. Anschließend grob hacken. Die Clementinen mit heißem Wasser waschen und mit einem Zestenreißer dünne Streifen abschälen. Einige Zesten für den Prosecco beiseitelegen.

Für den Sirup 500 ml Wasser in einem Topf zum Kochen bringen. Den Zucker zufügen und gut verrühren. Wenn sich der Zucker aufgelöst hat, den gehackten Rosmarin und die Zesten zugeben und alles bei niedriger Hitze 1 Std. zugedeckt köcheln. Den Sirup abkühlen lassen und anschließend die Flüssigkeit durch ein feines Sieb geben. Den fertigen Sirup in eine sterilisierte Flasche füllen und luftdicht verschließen. Im Kühlschrank aufbewahrt, hält er sich mehrere Wochen.

Für den Clementinen-Rosmarin-Prosecco alle Zutaten auf 4 Sektgläser aufteilen und vorsichtig verrühren. Mit jeweils einem Rosmarinzweig und den restlichen Clementinenzesten garniert servieren.

Tipp: Für eine alkoholfreie Variante kann auch eine nicht alkoholische Prosecco-Alternative verwendet werden.

Orangen-Chili-Schokolade mit Schuss

Die Orange heiß waschen, trocken tupfen und die Schale fein abreiben. In einem Topf die Milch zusammen mit Orangenschale, Chiliflocken und Zimt aufkochen. Anschließend den Topf vom Herd nehmen.

Die Schokolade in Stücke brechen und unter Rühren in der heißen Milch schmelzen lassen. Den Cointreau zufügen und mit dem Honig süßen. Alles gut verrühren und durch ein Sieb gießen.

Heiße Schokolade in 4 Tassen füllen und mit Chiliflocken bestreut servieren.

1 Bio-Orange
1 l Milch
½ TL Chiliflocken plus etwas zum Bestreuen
1 TL gemahlener Zimt
200 g Zartbitterschokolade
8 cl Cointreau
4 EL flüssiger Honig

Außerdem

4 Orangenspalten zum Garnieren

Tipp: Für eine alkoholfreie Orangen-Chili-Schokolade kann auf den Cointreau verzichtet werden. Bei Bedarf etwas mehr Milch und Schokolade zugeben.

Rezeptregister

Zutatenregister

5 4 3 2 1 28 27 26 25 24
978-3-7567-1030-0

Idee und Konzept: Hölker Verlag
Illustrationen © Marjolein Bastin, 2024
Foodstyling: Alexander Höss-Knakal
Rezeptfotografie und Setstyling: Melina Kutelas
Lektorat & Korrektorat: Rotkel. Die Textwerkstatt
Umschlaggestaltung: Lisa-Marie Nilles
Layout und Satz: Stefanie Bartsch
Redaktion: Anna Louisa Duckwitz
Herstellung: Dana Günther

www.hoelker-verlag.de

Für mehr Rezepte,
Inspirationen und
Einblicke aus dem Verlag
folgen Sie auch unserem
Instagram-Kanal:
@hoelkerverlag